王东京经典文丛

经济观察笔记

王东京 著

中国青年出版社

前言

　　本书收录的是我近几年所写的部分文章。也是机缘巧合，2011 年我个人认为正好是中国经济步入"新常态"的一个节点。前一年，中国 GDP 总量超出日本，跃居全球第二；而次年中央政府提出"稳增长"，跟着经济增长降至 7.6%。这原本在政府意料之中，不成想学界却风声鹤唳：说"中国经济硬着陆"者有之；说中国已落入"中等收入陷阱"者有之，一时间满城风雨，草木皆兵。

　　究竟怎么看近几年中国经济的调整？四年前，我选取了一些典型事件开始跟进，从"热钱涌入当以守为攻"起笔，一路观察、一路思索，其间有山重水复的困惑，也有峰回路转的惊喜，就这样观之察之，写写停停，四年时间不经意就过去了。现在书要出版，不知读者会怎么评价。到了知天命的年龄，是褒是贬其实无所谓。对我来说，要是能对读者认识今天中国经济的"新常态"有所助益则幸莫大焉，于愿足矣！

　　本书用了大量篇幅讨论改革。从政府体制到市场机制，从企业改革到收入分配，从工业化到城镇化……应该说，但凡经济热点本书皆有涉及。可如此一来，怎样定书名就成了难题。交付出版前曾征询过不少朋友，出的主意很多，但左挑右选皆不中意。无奈，最后只好取名《经济观察笔记》。想想也是，当初写这些文章时本来就只是作为自己观察分析中国经济的记录，没打算要公开发表，这样看，谓之"笔记"倒也贴切。

要顺便说明的是，本书写作前后历时四年，几度寒暑，时事翻新，所以读者今天看这些文章一定要结合当时事件发生的背景，为此我已在书后专门列表指明写作的时间，阅读时请务必予以留意。另外，我将自己多年从教的感悟，以"从教者说"一节收入本书，目的是为了让读者了解我做研究的基本遵循与路径，也许会有读者不感兴趣，但建议教书的朋友还是应该浏览一下。

最后要说几句表达感谢的话。并非是出于客套，与中国青年出版社合作近二十年，出版著作十余部，其中多数是由方小玉女士编辑，之前我的《中国的难题》《中国的选择》《中国的前景》能够大卖，一版再版，无疑与她的策划与推介分不开；这本《笔记》的出版，也得益于她的推动，我这里要站起来致以谢意！

王东京

2014 年 11 月 10 日

目录

工业化与城镇化

公平与社会责任

出口与外汇

从教者说

附录一

附录二

附录三

提要

政府与市场

政府改革的逻辑——

若行政审批制不改，机构改革会阻力重重。看看这些年的机构改革，哪一次不是雷大雨小？仅"大部制改革"就搞了两回，可人员又精简了多少呢？除非中央大手压缩行政审批，将审批制改为备案制，让官员无以再以权谋私，不然机构改革会旷日持久，无论怎么改都是新瓶装旧酒、换汤不换药。

顶层设计与地方试验——

改革呼唤顶层设计，改革也离不开地方试验，可顶层设计与地方试验到底怎样分工？从理论上讲，其实就是如何处理"计划与市场"的关系。计划与市场的边界取决于交易费用：若计划配置的交易费用比市场配置低就用计划，否则就用市场。同理，改革选择顶层设计还是选择地方试验，归根到底也是要看交易费用。

资源配置谁做主——

所谓"市场决定"，首先是市场决定价格，准确讲是供求决定价格，其次是由价格调节供求。事实上，价格调节供求的过程就是结构调整的过程。比如某商品价格上涨，表明供应短缺，受价格指引企业会多生产；某商品价格下跌表明过剩，企业会少生产。这样看，生产什么或生产多少要由企业做主，政府不能指手画脚。

繁荣来自竞争——

将竞争的理论分析引申到政策层面，有三点重要的推论：第一，如果希望市场提供价廉物美的商品，就得鼓励卖家竞争，为此政府必须改革妨碍竞争的体制机制；第二，鼓励买家竞争可提高配置资源效率，为此政府应充分尊重出价规则，照顾穷人是政府的事而不能推给市场；第三，定价事关买卖双方的权益，除了公共品，一般竞争品价格只能由供求定，政府无需干预。

"指导价"纯属多余——

"指导价"既非指令价，也非市场价，那么只是"参考价"，企业可执行也可不执行，如此政府有何必要定指导价呢？也许发改委会说，制定指导价是为了维护消费者利益，防止企业漫天涨价。可问题是指导价并无约束力，要是企业不接受怎么办？难道你要强逼企业不成？若不强逼，指导价形同虚设；若强逼，指导价就成了"霸王价"，这对市场化改革无疑是倒退。

投资与消费

拉动经济并无三驾马车——

拉动经济只有"消费"与"投资"一驾马车，消费是"马"，投资是"车"，即"投资"得以"消费"为牵引。至于出口，那是国家间互通有无，若是进出口平衡，出口对国内需求的影响可忽略不计。由此给我们的启示是：一国经济能否持续增长，关键在扩内需而非扩出口，尤其是经济大国，更不可将"注"押在出口上。

扩消费应多管齐下——

消费不同于投资，政府掌握着财政大权，一言九鼎，扩投资可谓易过借火；但扩消费不同，消费是个人行为，老百姓自己挣钱过日子，如何消费怎会听政府招呼？政府总不至于搞强迫命令吧？不过换个角度想，政府虽不能直接干预个人消费，但却可通过一定的制度安排去予以引导。关键在于，这样的制度安排是什么？或者说要怎样设计才对？

扩投资的三种选择——

拉动经济如何扩投资？若从短期看，扩政府投资加税不如发债；从投资效果看，扩政府投资则不及扩企业投资。而如果要扩企业投资，政府应少发债多减税。说得再简洁些，一句话：扩投资加税不如发债，发债不如减税。

反浪费需釜底抽薪——

我们既要反浪费，但同时又要提振消费。两者要兼顾，断不可顾此失彼，尤其是当前中国经济下行压力大，提振消费刻不容缓，这也是中央的大政方针，所以我们既不能因为鼓励消费就放任浪费，也不可因为反浪费就抑制消费。至于两者关系怎样处理，经济学的办法就一条：放开私人消费，严控公款消费。

警惕地方债闯祸——

控制地方债最简便的一招，在我看来是要约束关键人，具体说是约束地方的主官。当下的问题，是"还钱"作为借债的约束只能约束政府而不能约束官员，若能通过某种制度安排约束官员，此事当不难解决。设想一下，假若让地方主官对当地政府欠债负责，比如规定债务率超100%不得升迁，地方断不会再乱借债的。

转方式与稳增长

中国经济会否硬着陆——

我不认为中国经济会硬着陆，当然不是说经济增速不会降。肯定的，今年经济增长比去年会低一些，但不会低太多，准确地讲不会低过百分之七点五。何以见得？重要的一点，是政府希望今年的经济增长能放慢点，以保持百分之七点五为宜。如果政府今年想"保八"，"百分之八"也照保。

谁是调结构的主体——

调结构若由政府主导得有三个前提要成立：第一，政府要事先知道怎样的结构是好结构；第二，政府（官员）要比企业（家）更关注市场；第三，行政调节要比市场调节更有效。这三个前提成立么？政府并非先知先觉，怎会提前知道怎样的结构是好结构？

中等收入何来陷阱——

当下经济下行原因有多方面：主要的，一是近年来欧美经济不济，中国对外出口受阻，外需明显减弱；二是国内产能过剩，调结构需要时间；三是中国已成全球第二大经济体，GPD达56万亿元，基数如此之大，增速放缓不足为怪。显然，以上这些因素皆与所谓"陷阱"无关，是特定时期的特殊问题。若硬性将这些问题与"中等收入陷阱"挂钩，无疑是庸人自扰。

谁在妨碍扩消费——

建立扩大消费的长效机制，不仅要提高人们的当期收入，更重要的是要增加持久收入。不久前中央提出2020年的居民收入与GDP要比2010年实现同步翻番，这个表态非常好，好就好在能稳定人们的预期，有助拉动消费。

"经济下限"怎样守——

"经济下限"应该守也必须守，而眼前的难题是要弄清怎样守？最近媒体正在热议"克强经济学"，认为此乃应对经济下滑的良策。可遗憾的是，迄今人们对何为"克强经济学"的解读却并不一致，我看到的比较权威的解释是：1.政府不刺激经济；2.去杠杆化；3.结构性改革。这确实是本届政府的新手法，但能否这样解读应慎重。不知李总理本人怎么看，至少"政府不刺激经济"我认为不能太绝对，否则容易作茧自缚，日后会很被动。

货币与价格

谁是通胀的推手——

这些年只要国内一出现通胀，人们就把原因归罪于农产品，明明是央行闯的祸，但板子每次都打在农民身上，代人受过，对农民实在太不公平。我们天天讲要增加农民收入，可农产品一涨价就大打出手，这岂不是叶公好龙？也许有人说农产品涨价会伤及城市低收入者。不错，低收入者应该照顾，但政府可给他们补贴而不必牺牲农民利益呀。

为何要谴责中间商——

衡量中间商利润要从机会成本看。机会成本是指做某项选择而放弃其他选择的最高代价。中间商选择贩菜，机会成本就是他放弃做其他事的收益。比如某人打工年收三万元，而他放弃打工去贩菜，则贩菜的机会成本就是三万元。若他一年贩菜的收入是四万元，那么你认为他得到的还是暴利么？其实，今天很多人不去贩菜，那是因为他的职业比贩菜更赚钱，请问政府也要去打击么？

汽车限购能走多远——

治堵是否非得限购汽车不行？或者说限购是否就是最好的办法？我本人对限购并不看好。不否认汽车限购对治堵有助，至少可减轻日后城市的交通压力，但有两个问题仍解决不了：第一，当下北京早已车饱为患，即使不再增新车还会照堵不误，怎么办？第二，"摇号"购车虽是机会平等，但却不分轻重缓急，某些人急需用车而总也不中签怎么办？

稳定房价才是上策——

不要以为只有房价高才会有人怨声载道；而若房价大跌，同样也会有人不满。比如你用毕生积蓄100万元付首期，同时向银行贷款200万元买了房子，假如由于政策原因房价跌了一半，这样300万元买的房子缩水成150万元。遇到这种情况你怎么办？即便你自己的100万元打了水漂，房子抵给银行也只值150万元，你仍还欠银行50万元。一夜之间，从100万变成穷光蛋你能心安理得么？由此再想，你欠银行50元万若还不上，其他人也如此，那么最终会否导致房贷危机？

商品房无需限购——

我不主张政府打压房价，当然不是指房价可无限度上涨。对当下政府来讲，我认为上策是稳房价。比如借鉴新加坡的做法，用差别交易税抑制炒房，即买房后持有时间越短，征收交易税就越高。设想一下，假如交易税这样设计，凡买房后当年卖出的，交易税征收其差价的 95%；第二年卖出的征收 85%；第三年卖出的征收 75%；第四年卖出的征收 65%……如此一来，将来还会有人对炒房乐此不疲么？

企业改革与治理

国企改革该怎样推进——

近来学界批评所谓"国进民退"，千夫所指，认为是改革"回潮"。不隐瞒我的观点，这批评本人不苟同。改革开放以来，国企不仅已完成改制，而且也从某些一般竞争性领域陆续退出，摆着的事实有目共睹。20 世纪 90 年代，大大小小国企近 30 万家，到今天央企仅 170 家，省属国企虽有但为数不多，而地市以下国企更是凤毛麟角。国企数量不断减少，"国进民退"从何说起呢？

企业岂能一关了之——

排污虽是企业所为，但考虑到交易费用，社会成本的分担我认为也不能一概而论。大致可分三种情况：第一，若企业所在的行业是产能过剩的产业，让企业承担社会成本当然没问题，因为即使这类企业倒闭了也无伤大局，交易成本不会高；第二，若企业属于支柱产业且产能短缺，由于这类企业经济带动力强，政府不可袖手旁观，为减少污染至少应部分地补贴企业技改；第三，若企业属高新技术产业，这类企业事关国家的核心竞争力，其社会成本应全部由政府承担。

银行为何嫌贫爱富——

但凡银行皆会嫌贫爱富，这是银行的本性，你满可以指责银行，但银行的本性却改变不了，改变了就不是银行，至少不是真正的商业银行（而可能是政策性银行）了。难题也就在这里，一方面，我们没法让银行不嫌贫爱富；另一方面又要让中小企业从银行那里得到贷款，你认为该怎么做？可以肯定，要解决此难题仅有政府重视不够；学界口诛笔伐也没用，关键是要有办法让银行给中小企业贷款既感到安全又能赚钱才行。

企业接待费与潜规则——

时下企业为何总抱怨遭遇到了潜规则？虽未明说潜规则为何，但无非是指不请客送礼政府工程不容易接到。既如此，那我们何不大手压缩政府工程呢？是的，扬汤止沸不如釜底抽薪，现在很多政府工程如铁路、公路、机场等原本就用不着政府投资，它们虽是基础设施但本身也是营利性的项目，只要政府肯放手，民间资本肯定愿意投。要是政府手里没了工程，企业怎会再给官员请客送礼呢？

关于"家电骗补"问题——

这些日子不断有人支招，教政府如何防止家电骗补。不能说这些招数一点用没有，若政府继续补贴家电下乡，能堵住某些漏洞是肯定的，不过也就仅此而已，骗补的事不可能完全绝迹。要想杜绝家电骗补，唯有取消家电补贴而直接给农民货币补贴，舍此我认为不会有更好的办法！

分类改革的框架性思路——

国企改革不能一刀切，应分类推进，对此学界没有分歧；而难题在于，国企到底该如何分类？分类后又将如何改革？现行的分类方法比较多，有的是按出资主体分（如央企与地方国企）；有的是按行业分（如制造业与能源业等）。但从改革角度，我认为应按"功能"分。政府之所以办国企，或说国企为什么存在，说到底是它具有其他非公企业不能替代的功能。

工业化与城镇化

工业文明的代价——

政府高层多次强调推动工业文明转型，此乃大势，刻不容缓。当下的难题，是我们该怎样做？我的观点很明确，总的思路是设法将社会成本内化为企业（私人）成本。要注意的是，社会成本内化不必一刀切，应依交易费用的高低相机抉择。只要把住这一原则，具体怎么做政府当事人一定比你我清楚。

中国农业后继无人乎——

吸引进城人员返乡，思路大体对，但返乡农民工未必能成为未来农业的主力，他们的年龄会越来越大，而且也不懂现代农业。将来农业的主力，恐怕只能是城里那些有资本、懂技术、会管理的人。现在需要我们研究的，是怎样才能把这些人吸引到农村去。有一点我肯定，若无利益驱动，单靠政府号召将于事无补。不仅城里人不会去，就是农民工也不会回去。搞农业若不如搞工业赚钱，跑去种地岂不是发神经！

政府为何热衷征地——

政府对征地乐此不疲，其实也是无利不起早。可以想到的：一是追求 GDP，把耕地转搞工业，GDP 会增长更快，有了 GDP 也就有了政绩；二是地方财政收入。农业税免征之后，农业已不再上贡财政，而搞工业呢，地方不仅有税收而且还有大把的土地收入可以进账。目前政府从农民手里征地平均每亩补偿不足 2 万元，而一转手卖给开发商，每亩动辄数十万甚至上百万。诱惑如此之大，地方政府怎能坐怀不乱呢？

城镇化不能盲目造城——

城镇化的关键是转职业而非转户口。换句话说，城镇化要从非农人口的比重看，从事非农人口的比重越高，城镇化率就越高；反之，若农民仍以种地为业，即便百分百转了城镇户口也算不上城镇化。故推进城镇化首要的是城镇能提供就业岗位，能让农民在城里找到工作。问题是怎样才能让农民找到工作。当然只能是发展工业，若工业不发展城镇化就如空中建塔，没有根基迟早也要坍塌。

碳排权交易与居民权益——

进入工业化中期后，碳排权应在企业与居民之间分配。这样一来，不论在操作层面具体的分配比例怎么定，居民都会拥有一定数量的碳排权。既如此，那么居民就理所当然有权作为供给者参与交易，不然居民被排除在交易之外，不仅污染损害无从补偿，而所分配到的碳排权也就形同虚设。从这个角度看，碳排权不能只限于企业间交易，而应有居民的参与。

公平与社会责任

怎样看待收入差距——

大家希望缩小收入差距，可收入差距到底应该怎么算？某民营企业一年利润两千万元，而某员工一年工资十万元，请问企业两千万元利润算企业主收入么？倘若这么算，那么企业主收入就是员工工资的二百倍，差距可谓大也。问题是，员工工资多数是用于个人消费；而企业利润少量会用于企业主消费，而大量则用于投资，两者肯定有不同，读者是否注意到这其中的分别呢？

延迟退休不必强行——

延迟退休大可不必强求，政府只需做三件事则效果殊途同归：第一，落实工资递增计划。国务院曾明确说，今后工资增长要与实际经济增长同步，每年经济增长 7%，则工资增长不得低于 7%。如果有通胀（比如 CPI 为 4%），那么名义工资每年应增长 11%；第二，为鼓励延退，国家可考虑在税收上网开一面，对 60 岁以上劳动者的工资免征个税；第三，限定退休者自领取退休金之日起不得再就业。

谁在制造性别歧视——

人们对政界所谓性别歧视的批评，是避重就轻未击要害。要害是从政的人有特权。是的，当下政界的症结并非男多女少或是什么性别歧视，而是行政权力过大。若不取消行政特权而单单强调男女比例平衡，那岂不是移花接木转移改革的视线？

追问企业社会责任——

这次访英特尔，迈克尔·雅各布森（Michael Jacobson），先生专门介绍了英特尔有关企业社会责任的情况。他说英特尔的社会责任体现在自创立以来为社会提供了大量的高科技产品，如延伸英特尔PC平台引领云计算的变革，推动智能手机，平板电脑、智能电视升级等。我问，究竟怎样理解"社会责任"？如果企业向社会（消费者）提供了商品或服务就是社会责任，那么哪家企业没承担社会责任？我的看法，一个企业是否履行了社会责任不能单看客观效果，还应看是否有主观利他的动机。

政府的社会责任——

社会责任在政府与企业间究竟如何划分？经济学通常是从成本与收益两方面做权衡，而我则主张就从成本看。这不仅因为履行社会责任的收益难以考量，而且无论政府还是企业履行社会责任，其收益都一样；所不同的，只是他们各自的成本。

出口与外汇

政府为何鼓励出口——

中国经济跃升全球第二后，未来出口会阻力重重。未雨绸缪，我们不妨重点扩内需。扩内需当然不是不出口，出口还得出，但不必再刻意创外汇。要知道，外储不过是人家买我们商品后给打的借条，不用于进口就是一堆"纸"。明知想买的商品人家不卖，我们要那么多"纸"有何用？

评点人民币国际化——

蒙代尔不可能"铁三角"已证明，一个国家在"货币发行权、资本自由流动、汇率稳定"等三个目标中，只能据其二，不可能三者同时得兼。显然，货币发行权中国不能放弃，而人民币国际化后资本要自由流动，这样汇率就不可能稳定了。于是有人担心，一旦即期汇率与远期汇率出现偏离，国际投机资本就会来中国套利。不怀疑会有这种现象，但这正好是市场机制稳定汇率的过程，不是什么坏事。

热钱涌入当以守为攻——

热钱不断涌入怎么办？近来读了一些文献，见仁见智，什么主意都有，但皆药不对症。我的看法是三个守住：一是守住房价，二是守住股市，三是守住汇率。为何一定要守？摆明的道理，热钱是为套利而来，且它不会投资实体，只可能进入房市或股市。

可以想象，政府若将房市与股市稳住，以静制动，热钱再猛又怎奈我何？

假如发生美债危机——

美国作为全球经济的老大，美元的地位确实还一时无可替代，何况眼下欧元前途未卜，英镑不济，中国外储还得用美元。可我要问的是，即便如此难道美国就可恣意妄为不对债权人负责吗？可以肯定，若美国不对债权人负责，将来美元一旦信誉扫地谁还肯持美元？若真到了那一天，美债危机爆发，美国怕是要追悔莫及吧！

分工全球化与结构演进——

"配第—克拉克定理"是对经验事实的归纳，严格地讲不是"定理"是"定律"。既然是定律，就要受时空条件的约束，而且与其他定律一样，一旦时空改变也会失灵。正因如此，所以我说一个地区调结构不必刻意迎合该定律。否则东施效颦，到头来只会弄巧成拙。近些年国内实体经济逐步虚脱，其实与各地盲目发展"三产"不无关系。有前车之鉴，我们怎可重蹈覆辙呢？

从教者说

讲课"三戒"——

教员讲课脱离实际，很多人以为是自己没在基层工作过。这样想也没错，可并不仅仅如此。理论脱离实际，既有可能是对实际缺乏了解，但也有可能是对理论掌握不透彻。别的学科我不知，经济学我清楚，像弗里德曼、科斯这样的大师，也不曾在基层工作过，可他们联系实际的水准绝对一流。所以如此，是得益于他们的理论功底，有理论在胸，看现实便入木三分；否则，哪怕你触摸到了实际，也往往是雾里看花，不明就里。

谈"学术功底"——

一个教员学术功底如何，取决于是否熟读了经典与历史。也许有人问，为何一定要用经典与历史来构筑"学术功底"呢？读当代人的书不也很有用么？当代人的书当然要读，但今天的论著未经时间考验，日后极有可能被推翻。经典与历史不同，经典已经固化了，历史也是死的，无论将来过去多少年多少代，经典不能改写，历史也不会改变。

向经典学什么——

学经典当然要重视学观点，但要指出的是，经典的观点都是根据当时的历史条件并按一定的逻辑框架提炼的，如果今天的条件仍与历史相若，经典的"观点"就得坚持；但若不是这样，那么不可照搬。近些年不断听到有人说，某部经典的某个观点错了。其实，如果你再去细读文本，并从作者的分析前提出发，依照经典的学术框架，会发现作者的推理并没有错。你所以认为错，不过是约束前提变了。

论学术框架——

学术框架是学者观察世界的理论坐标。不过它不是指某个点，而是一个参照体系。历史上有"庖丁解牛"的故事，庖丁解牛何以能得心应手？绝对不是因为他肯用蛮力，而是熟知牛的生理结构。教员讲课也如是。一个问题摆在面前，若不先找到学术框架，讲起来就会没章法，学员听起来当然也就懵懵懂懂不得要领了。

关于"讲课艺术"——

讲课艺术并不神秘，不过由于人们审美情趣不同，对何为讲课艺术难有统一的标准。依我多年做教员的经验，有三条我认为最要紧：1.三个清楚：即想清楚、写清楚、说清楚；2.深处求新，浅处求胜，通俗地讲就是深入浅出；3.掌握节奏，推动互动。这三条简单得令人吃惊，但要做到出神入化却非一日之功，须反复操练。

政府与市场

政府改革的逻辑

顶层设计与地方试验

资源配置谁做主

繁荣来自竞争

"指导价"纯属多余

政府改革的逻辑

关注政府改革数十年了，也曾写过多篇文章；实不相瞒，本人从未像今天这样对政府改革有信心。并非盲目乐观，我的信心是来自一些可观察的事实。李克强总理在今年的《政府工作报告》说，中央政府去年取消和下放 416 项行政审批，而今年再取消 200 项。此举釜底抽薪，待以时日，政府机构改革将有大成应当无疑问。

时下学界有一观点，认为相对于国有企业改革，政府改革滞后了。若从时间序列看，这其实不是事实。事实是，政府改革与国企改革于 20 世纪 80 年代初同步启动。不是吗？当年国企改革最引人注目的举措是 "扩大企业自主权"，说白了，就是政府放权让利、给企业松绑。这样从时间节点看，怎能说政府改革滞后呢？若与经济体制转轨相比，实际也是政府改革在先，中央明确提出建立市场经济体制是 1992 年，而政府改革比这差不多早了十年。

若说政府改革滞后不是指改革时间而是指效果，找赞成。回顾以往的政府改革，动作较大的有七次，且重点皆是改机构。所以这么做，初衷是想"撤庙赶和尚"逼政府瘦身。然而效果却让人遗憾，机构不仅未明显消肿，而且有些部门的人员还不减反增。何以如此？我曾说过，根源在行政审批。这些年政府改革的经验表明，有审批权与没审批权的部门比，前者人员精简要难得多：一是搞审批要有人手，二是审批权背后有利益，利益所系，当事者当然不愿被精简。

近来媒体纷纷预测，说新一轮的官员"下海潮"即将来临。既然大家都这么看，不应该是空穴来风吧？"下海潮"到来的确切时间虽说不准，但苗头已可看得出。起因是前年底中央政治局颁布"八项规定"，而去年在全党开展的"教育实践活动"对官场进行整肃，享乐与奢靡之风已成过街老鼠，人人喊打；跟着中办、国办又对职务消费与公务接待作了严格限定。有官员说，如今已"官不聊生"，此说法虽有夸张，但今天的官员不如从前过得滋润倒也是事实。

前些天一位在国家部委工作的朋友来访，一见面这位仁兄就大发感慨，说最近到南方出差苦不堪言。我问何故？他说：以前出差到外地都有车接车送，吃、住、行安排无微不至；可现在呢，到了地方既没车接，住酒店也要自理，对方只招待一顿工作餐，其余都得自己管。我明白他的感受。这大概就是所谓的"由奢入俭难"吧！是的，过去"京官"到地方公干，地方接待往往隆重其事，前呼后拥；而今天一切皆自理，前后反差太大，感觉不适应也是自然。

不适应归不适应，不过看中央高层的决心，这情形恐怕今后会成为常态。不仅是公务接待与公务消费，将来公务员的社会地位也会大不如前。不知是否与此有关，据人社部透露，今年报考公务员的人数比去年减少了 36.09 万。对此媒体议论纷纷，而我的看法，人们不愿报考公务员或现有公务员有人要弃官另谋职业，并非坏事，尽可悉听尊便。国人官本位观念由来已久，现在有这种转变实属不易。无心插柳，可看作是中央出台"八项规定"的意外收获，用不着大惊小怪。

然而想深一层，公务员特权被限制，政府改革是否就可大功告成？我想事情不会那么简单。限制特权肯定对精简机构有助，但仅此并不够，关键还在审批权。官员明里的特权被限制了，可若行政审批不改，暗里的权钱交易还会有。虽说腐败有党纪国法管，问题是权钱交易很隐蔽，法网恢恢也难免百密一疏。有漏网之鱼，自然就有人心存侥幸而去铤而走险。试想，这些年中央反腐的力度不谓不大，可为何权钱交易仍屡禁不止？说到底，直接或间接都与审批权有关。

据我所知，以往很多人挖空心思进政府机关，福利待遇相对高是一方面，而更看重的还是审批权。明显的，比公务员工资福利好的职业多的是，为啥千军万马要挤独木桥？原因无他，不过是指望日后能掌握审批权，只要审批权一旦在手，便可呼风唤雨。想当年，大学毕业后不少同学选择进机关，私下里交流，差不多都是这想法。再说，中国自古就崇尚"学而优则仕"，若"读书做官"是为了实现报国抱负无可厚非；但也不排除有人是冲着"官本位"去的。所谓"官本位"其实就是"审批权"本位，要是没有审批权，皮之不存，何来"官本位"？

说我自己的一件往事。20世纪90年代初，那时我还在人民大学读博，而有一同学已在国家机关做了处长。有一年春节我们一同坐火车回老家，到长沙站后我担心赶不上回乡下的长途汽车，就随人流往外挤，那同学拽住我说"别跟老百姓挤"；我说"我就是老百姓呀！"他说"你一个博士，注意点风度"。没办法，我只好陪他讲风度了。等别人都出了站，我们走到出站口就看到有人举着"接国家某某部某某处长"的牌子，我才恍然大悟，原来他讲风度是有车接他。那天我搭他的便车，一路上感慨万千：大家都说尊重知识，可我一个博士，为何有车接他没车接我呢？

原因不必说，他有审批权而我没有，人家接我做甚？自此我明白了一个道理，若行政审批制不改，机构改革会阻力重重。事实确也如此，看看这些年的机构改革，哪一次不是雷大雨小？仅"大部制改革"就搞了两回，可人员又精简了多少呢？想想也是，官员不比企业员工，大权在握，要精简官员谈何容易！所以我有个判断，除非中央大手压缩行政审批，将审批制改为备案制，让官员不能再以权谋私，不然机构改革会旷日持久，无论怎么改都是新瓶装旧酒、换汤不换药。

最后我提三点建议：第一，政府改革应先改"审批"再改"机构"，绝不能倒过来，否则会劳民伤财、事倍功半；第二，改革审批不是完全不要审批，有关国家安全与公共服务的项目，该审批的还得审批，但审批过程要有监督，能公开的一律公开；第三，取消哪些审批要由中央顶层设计，不能由审批者自己定。本来就是与虎谋皮，将选择权交给审批者是啥结果我不说相信大家也知道。

顶层设计与地方试验

最近应邀参加一个学术会，研讨"改革的顶层设计与地方试验"，主题好，专家发言也有见地，只可惜听来听去却不见有人说清楚顶层设计与地方试验究竟是何关系？而且对"顶层设计"的理解，大家也说法不一：有人认为顶层设计就是"最高层设计"；而有人则认为是泛指"上级设计"。这些问题到底怎么看，见仁见智，我这里也来说说自己的看法。

学界对顶层设计的关注还是近几年的事。不是说以往改革无顶层设计，举世公认，邓小平是中国改革的总设计师。这是说，我们的改革早有顶层设计，不仅从前有，而且一直有。既如此，可为何今天要突出强调顶层设计呢？用不着去猜背后的原因，也不必相信道听途说，我的解释，是今天改革已进入到深水区，我们不可能也不应该再像以往那样摸着石头过河。风险在加大，若无顶层设计，零打碎敲，改革将难以向纵深展开。

我说中国改革有顶层设计，不过客观地看，过去的诸多改革主要还是靠"地方试验"。所谓"突破在地方，规范在中央"，是对已往三十多年改革路径的基本总结。典型的例子是农村改革，当年的家庭联产承包可不是由顶层设计出来的，而是地道的农民创造。国企改革也如是，政府最初的思路是复制农村承包，以为"包"字进城一"包"就灵，可实际做起来却事与愿违，企业出现了普遍的短视行为。国企改革真正取得突破，是山东诸城的"股份合作制"试验。

是的，中国的改革能取得骄人的成绩，与地方试验密不可分。换句话说，若没有这些年地方改革的各显神通，就不会有今天的局面。于是人们要问：现在强调顶层设计是否意味着我们的改革已经到了"主要由地方试验"向"主要靠顶层设计"的转折点呢？若果是，那么促成这一转换的约束条件是什么？再有，如果说未来改革主要靠顶层设计，那么哪些方面的改革由顶层设计，而哪些方面的改革仍应鼓励地方试验？

这确实是亟待回答的问题。我的看法：顶层设计与地方试验两者并无冲突，可以并行不悖。改革需要顶层设计，但同时也需要地方试验。理由简单，顶层设计不是拍脑袋，要以地方试验做支撑，若无地方试验，顶层设计则无异于空中建塔，没有根基设计是难以落地的。同理，地方试验也不可包打天下，有些改革仅靠地方试验难以成事，如当初计划体制向市场体制转轨，要是没有中央的顶层设计，靠地方的局部试验怕是无能为力吧？

改革呼唤顶层设计，改革也离不开地方试验，可顶层设计与地方试验到底怎样分工？从理论上讲，其实就是如何处理"计划与市场"的关系。经济学说，计划与市场的边界取决于交易费用：若计划配置的交易费用比市场配置低就用计划，否则就用市场。

同理，改革选择顶层设计还是选择地方试验，归根到底也是要看交易费用。然而困难在于，交易费用难以计量，我们无法直接用交易费用做比对。

不能直接拿交易费用比较，那是否可用其他办法？间接的办法当然有，思来想去，我想到了两个角度，一是改革的"外部性"。比如说，若某项改革不仅能让内部人受益，而且也能让外部人受益，则此改革具有"正外部性"，这样内外受益，皆大欢喜，交易费用自然不会高，于是也就可放手让地方试验；相反，若某项改革只是内部人受益而外部人受损，此改革则有"负外部性"。有"负外部性"的改革，就不宜由地方试验而要通过顶层设计，否则一旦出现利益冲突，交易费用会大增。

这是一个角度，另一个角度，即是从利益的分配状态看。改革本身就是利益的再调整，在经济学里，利益配置是否最优通常是以"帕累托最优状态"衡量。而所谓"帕累托最优"，是说利益分配达到这样一个状态，不减少一人的利益就无以增加另一人的利益。若非如此，不减少任何人的利益就能增加另一人的利益则属"帕累托改进"。由此，我的推论是：凡属"帕累托改进"的改革，可由地方试验；而要打破原有"帕累托最优状态"的改革，则需顶层设计。

以上角度虽不同，但结论却一致。若说得更明确些，但凡让他人利益受损的改革，均得通过顶层设计，不然不协调好各方利益必产生摩擦，改革就会举步维艰。回首以往的改革，农村改革之所以在地方试验成功，重要的原因是联产承包让农民受益而未让城里人受损，没有负外部性，是"帕累托改进"。而这些年政府机构改革之所以阻力重重，是由于有人受益而同时有人（那些被精简的人员）受损。也正因如此，所以政府改革需顶层设计。

不必多举例，有了上面的原则，其他改革便可依此类推。跟下来的问题，是怎样理解顶层设计。我的看法，顶层设计是指"最高层设计"而非"上级设计"。相对乡党委（乡政府），县委（县政府）是上级；相对县委（县政府），市委（市政府）是上级。显然，一旦改革有负外部性，地方政府很难自己平衡好。想想碳排放吧，大家都赞成"限排"，可若无中央顶层设计，一个县、一个市怎会主动"限排"？万一你"限排"别人不"限排"怎么办？再有，地方政府追求利税皆有投资冲动，请问"限排"的动力从何而来？

资源配置谁做主

从邓小平发表"南方谈话"算，国内关于政府与市场关系的争论已有二十年。不过争论归争论，中央高层推动市场化改革的取向从未变。最近党的十八届三中全会强调，要使市场在资源配置中起决定作用。此提法前所未有，我研读经济学数十年也不见有哪家教科书这么讲过，说是"创新"应该无疑问。

众所周知，官方之前的提法，是让市场发挥"基础性调节作用"。顾名思义，所谓"基础性调节"是一种"覆盖性"调节，当年亚当·斯密有个形象的比喻，说资源配置有两只手：政府有形的手与市场无形的手。而且斯密认为，资源配置应首先用无形的手，只有那些市场覆盖不到的地方才需政府拾遗补缺，用有形的手去调节。

亚当·斯密讲得明白，可 20 世纪 30 年代国际上还是发生了一场大论战。当苏联第一个计划经济国家建成后，许多学者为计划经济大唱赞歌，可奥地利经济学家米塞斯 1920 年发表文章指出，资源的优化配置不可能通过"计划"实现。他的观点后来遭到兰格等人的批评，而哈耶克却是坚定的捍卫者，并直言不讳地宣称：计划经济是一条通往奴役之路。

科斯 1937 年发表那篇著名的《企业的性质》，其分析独具匠心。科斯说：资源配置在企业内部是计划，在企业外部是市场。于是科斯问：如果计划一定比市场有效，可为何没有哪家企业扩张成一个国家？相反，若市场一定比计划有效，那人类为何会有企业存在？由此科斯得出结论：计划与市场各有所长，互不替代，两者的分工决定于交易费用。

"交易费用"人们今天耳熟能详，这里无需再解释。科斯的意思是，资源配置用"计划"还是用"市场"，就看何者交易费用低。若计划配置比市场配置交易费用低，就用计划；否则就用市场。逻辑上，科斯这样讲应该没错；可困难在于，交易费用是事后才知道的结果，事前难以预知计划与市场谁的交易费用低，既然不知，我们又如何在两者间做选择呢？

骤然听是棘手的问题，不过仔细想，我们对交易费用并非全然无知。至少有一点可以肯定，但凡市场失灵的领域，计划配置的交易费用就要比市场配置低。比如"公共品"，由于公共品消费不排他，供求起不了作用。经验说，此时公共品若由市场配置，交易费用会远比计划配置高。让我举灯塔的例子解释吧。

灯塔属典型的公共品，显然，灯塔若由市场配置会有两个困难：一是难定价。由于灯塔消费不排他（你享用不妨碍我享用），且不论多少人同时享用也不改变建造灯塔的成本，故市场无法给灯塔服务定价；另一困难，也是由于灯塔消费不排他，过往船只中谁享用或谁没享用灯塔服务无法辨别，于是给灯塔的主人收费造成了困难，若是强收，势必引发冲突。

可见，无论是定价还是收费，由市场配置灯塔皆会产生额外的交易费用，这也是为何古今中外灯塔要由政府提供的原因。与灯塔类似，诸如国家安全、社会公正、助弱扶贫等也都具有公共品属性，为节省交易费用计，此类项目也应由政府配置。中央强调"更好地发挥政府作用"，我理解，就是指在上述领域政府应当仁不让，承担起自己的责任。

是的，由于公共品（服务）不同于一般竞争品，它只能由政府配置。反过来，非公共品即一般竞争性资源的配置，就要交给市场，政府必须走开。当然，这么做并不是市场配置无交易费用，交易费用仍然有，但相对政府配置会低很多。用不着多举例，想想从前的计划分房吧，今天为何要用货币购房取代计划分房？重要的一点，就是以往计划分房的交易费用太高。

回头再说"市场决定"，对此学界有多种解释，而我认为最关键的是市场决定价格，准确讲是供求决定价格。不然价格脱离了供求，资源配置必方寸大乱。可令人遗憾的是，时下却有不少人坚持政府管价格，认为不如此就无法照顾穷人。其实这看法似是而非，政府照顾穷人可给穷人补贴而未必要管价格；管价格只会适得其反，令短缺商品更短缺。

我所想到的第二个重点，是由价格调节供求。事实上，价格调节供求的过程就是结构调整的过程。比如某商品价格上涨，表明供应短缺，受价格指引企业会多生产；某商品价格下跌表明过剩，企业会少生产。这样看，生产什么或生产多少要由企业做主，政府不能指手画脚。要知道，政府并不知未来怎样的结构是好结构，官员也不会比企业家更懂市场。

另外一个重点，是要素市场的开放。让价格引导资源配置，生产要素当然要能自由流动。试想，假若要素市场被固化，资本不能在行业间流动，价格又何以引导资源配置？那样市场的决定作用岂不被架空了？近几年企业界呼声四起，纷纷要求放宽行业准入；中央也曾三令五申，可惜至今仍未能落实到位。斗胆建议，政府与其反复发文还不如明确规定，就一条：今后除了国家安全与自然垄断行业，其他行业进入一律无需报批。

繁荣来自竞争

艾哈德 1957 年出版《来自竞争的繁荣》曾轰动一时，半个多世纪后的今天还常被学界提起，算是传世之作了。而我以同样的题目写文章，当然是赞同艾大师，不过角度有些不同，本文不讨论繁荣与竞争的关系，学界早有了定论，再炒冷饭是多余。这里想要与读者研讨的是竞争，即竞争者到底在争什么？并将其引申到政策层面，提出几点我自己认为重要的推论。

从交易主体看，市场竞争行为不过是三类：一是卖家与卖家竞争；二是买家与买家竞争；三是买家与卖家竞争。这三类竞争，构成了整个市场交换的全景图。物理学家牛顿曾经说，将复杂问题简单化，可以发现新定律；将简单问题复杂化，可以发现新领域。既如此，我们不妨将以上三类竞争拆开，并从稍复杂的层面分别加以讨论，这样做也许能让我们从中得到一些新的启示。

先说卖家与卖家竞争。一般地讲，卖家间竞争暗含着两个前提：一是竞争者卖的是同一商品，不然一家卖鞋、一家卖袜，所卖商品不同两者不会有竞争；二是所卖商品供应充足。若非如此，市场上商品供应短缺，消费者纷纷抢购，卖家也不会构成竞争。

所谓卖家与卖家竞争，说白了就是竞卖，卖家都希望将自己的商品先于对手卖出去。

问题在于，在过剩的情况下商家怎样才能将自己的商品先卖出？或者卖家之间究竟在争什么？若看营销手法，也许卖家各有绝招，但归根到底我认为是比成本。比如同样一件衬衣，甲的成本低于乙，于是甲的卖价为 200 元，乙的卖价为 300 元，这样竞卖起来甲多半就是赢家。读者若同意这判断，则可引出的政策含义是，政府放手让卖家竞争，市场上商品必价廉物美；反之，若质次价高的商品充斥市场，那一定是卖家缺乏竞争。

举个例解释吧。时下许多人抱怨看病贵，吃不起药。何以如此？原因有多方面，但主要是现行医药体制抑制了竞争。病人与医院之间，显然医院是卖家，而目前医药一体，医院既看病又卖药，受利益驱动当然乐于小病大诊，本来十元钱的药就能治病，医生可能给开上百元的药。设想一下，假若医药分家，医院只看病不卖药，让医院与医院竞争比服务，让药店与药店竞争比价格，药价是否会降下来？答案应当不言自明吧！

上面说了卖家竞争，再谈买家竞争。如果卖家竞争是因为商品供应多；买家竞争则正相反，是因为商品供应少，有多人想买同一商品买家才竞争。那么买家竞争比什么呢？我们所观察到的：一是排队（即先来先买），如国内春运火车票竞买；二是看行政职级（或年龄、工龄长短等），如某些政府单位住房竞买；不过更普遍的还是比出价，典型的例子是文物拍卖。

其实，国际上通行的竞买规则是出价，谁出价高谁先购得。

既如此人们也许要问，为何国内目前会存在那么多"价外"规则呢？有学者解释，是出于公平的考虑。而我并不这么看。至少富人与富人比出价不存在不公平；穷人与穷人比出价也不存在不公平。学界所谓的"公平考虑"，我理解针对的是穷人与富人比出价。很多人以为，让穷人与富人比出价只对富人有利，对穷人不公平。真的是这样么？让我来做点分析。

公平是一种价值判断，利益站位不同，对公平的判断也不同。相对而言，富人更有钱，穷人更有时间，若比出价显然对穷人不利；但不比出价而比排队，则又对富人不利。左难右也难怎么办？故经济学的主张是效率优先、兼顾公平。若以效率为先，当然是比出价，因为铁路公司盈利后可增加运力，买票难问题有望解决。若不比出价而比排队，虽然短期对穷人有利，但排队耗费的时间不仅不创造财富，而且买票难会年复一年地拖下去，长期看谁都是输家。

最后谈卖家与买家竞争。卖家与买家有竞争么？曾问过行内朋友，多数答没有；而我却认为有，不然买家与卖家怎会有商业谈判？双方坐在一起沟通、协商到最后签约，实际就是在竞争。他们争什么呢？当然是争各自的权益。卖方供应了商品，会要求买方支付合理价格；买方支付了货款，会要求卖方提供物有所值的商品。

由此看，买卖双方所争的其实是"等价交换"权。经济学说，等价交换的前提是自由交换：即买方不得强买，卖方不得强卖，更不能由第三方决定价格。否则竞争被限制，必造成交易主体之间收益权不对等。以往"工农产品价格剪刀差"为何农民会吃亏，症结就在政府限制了农产品价格。今天煤炭价格放开而电价被控制，结果形成了发电企业与用电企业的不等价交换，发电企业所谓的"政策性亏损"，原因即在于此。

若将上述分析再引申，在政策层面有三点我认为重要的推论：第一，如果希望市场提供价廉物美的商品，就得鼓励卖家竞争，为此政府必须改革妨碍竞争的体制机制；第二，鼓励买家竞争可提高配置资源效率，为此政府应充分尊重出价规则，照顾穷人是政府的事而不能推给市场；第三，定价事关买卖双方的权益，除了公共品，一般竞争品价格只能由供求定，政府无需干预。

"指导价" 纯属多余

最近国务院将原铁道部的行政职能并入交通部，另成立中国铁路总公司。政企分开，方向无疑对，不料此举却引来不少网民非议。当然网民批评的不是大部制改革，而主要在两点：一是将铁路总公司定为正部级，二是发改委表态将继续干预铁路运营价格。我这里也就这两点谈点看法，并与大家讨论。

对第一点批评，我个人有保留。不错，企业就是企业，作为市场主体不应定行政级。但国务院这么做其实也是不得已。你想，偌大一个铁道部，机关干部成千上万，现在说撤就撤，原先的那些官员怎么安置？若不安置，改革必有阻力。将心比心，人家好不容易熬个一官半职，铁道部撤了却不给安置，换了是你你会痛快么？再说，别的国企目前皆有级，铁路总公司为何不能有？

不是说给铁路公司定级天经地义，我想表达的是，改革涉及利益调整，复杂而敏感，只要方向对，操作上完全可以有进有退。俗语说"欲速则不达"，那种毕其功于一役的想法不仅不切实际，而且越是急于求成，结果往往事与愿违甚至适得其反。所以我的观点，只要大部制改革方向没错，为减小阻力在操作上分几步走未尝不可，我们不应求全责备。

对第二点批评，我同意。事情的缘起是这样，铁道部被撤并而中国铁路总公司成立后，有人问，将来客运票价是否完全放开？而发改委官员回应，政府对客运票价不会不管，还会制定"指导价"。这件事不知读者怎么看，我个人是不赞成的，不光是铁路客票，对所有商品的"指导价"我认为都应废止。

我所以这么看，一个重要原因是"指导价"不伦不类。何为"指导价"？顾名思义，指导价肯定不是市场价，若指导价是市场价，有了市场价就无需定指导价；同时，指导价也非指令价，若指导价等于指令价，那么就直接叫指令价好了，也不用再另外整出个新名词儿。记得当年读大学听教授说过，"指令价"是有强制约束力的价格，而"指导价"无强制约束力。这是说，指导价只是一种"参考价"，而发改委也似乎是这意思。

这样就带来了一个问题：既然指导价是"参考价"，企业可执行也可不执行，如此政府有何必要定指导价呢？也许发改委会说，制定指导价是为了维护消费者利益，防止企业漫天涨价。可问题是指导价并无约束力呀，要是企业不接受怎么办？难道你要强逼企业不成？这也正是我的担心所在，若不强逼，指导价形同虚设；若强逼，指导价就成了"霸王价"。这对市场化改革无疑是倒退。

再退一步，即使政府能强逼企业就范，那么请问，政府制定指导价的根据是什么？是市场供求吗？不应该是。众所周知，按供求定价是市场价，若指导价按供求定就是市场价，这样定指导价无疑是多此一举。若指导价不同于市场价，那指导价怎么定呢？有官员解释，一是考虑市场供求，二是考虑消费者承受能力。骤然听，这样定价似乎很合理，但实际则似是而非。

想深一层，供求定价的机理是什么？所谓供求定价，是说价格既不由卖方定，也不由消费者定，而要由买卖双方定。举个例，一斤猪肉卖方最初想卖 10 元，可消费者只肯出 7 元，结果猪肉没人买，商家只好降到 8 元；而消费者呢，也发现 7 元的猪肉市场上没有卖，也只好把买价提高到 8 元，结果双方都认同 8 元，于是市场价形成了。可见消费者已经参与了供求定价，怎可将供求与消费者承受力分开处理呢？

或许有人说，供求定价考虑的是整个消费群体，而未顾及少数低收入者。比如猪肉一斤 8 元虽是市价，但还是有穷人买不起，这样政府就应出台指导价予以限制。照顾穷人我当然赞成，但我认为也无需搞指导价。即使指导价低于市价，对低收入者也未必真的有好处。大家想想，一旦指导价低于市价，农民还会不会多养猪？若农民不养猪，肉供短缺低收入者怎能买到低价肉？若如此，占便宜的恐怕只是那些有门路的特权者了。

同理，火车票也如是，火车票短缺而如果限价，受益的也一定是利益集团与黄牛党。前两年政府打击黄牛党，兴师动众，可结果呢？黄牛还是层出不穷。你再看，自从高铁开通后，有谁听说有黄牛倒卖高铁客票吗？没有吧！是的，价格作为市场资源配置的信号只能由供求定，离开供求去制定什么指导价，不仅保护不了低收入者，结果只会令供应更短缺，涨价压力更大，而真正照顾低收入者的办法就是直接给他们补贴。

最后再多说一句。我不赞成政府搞指导价，但主张公共品价格必须由政府定。与一般竞争性的私人产品不同，公共品不仅消费不排他，消费多少也不改变供应成本，这样公共品价格就无法按供求定，供求不能定当然就得由政府定。不过我们要明白的是，政府给公共品定价是指令价而非指导价，二者不可混为一谈，更不应将此作为制定指导价的借口。

投资与消费

拉动经济并无三驾马车

扩消费应多管齐下

扩投资的三种选择

反浪费需釜底抽薪

警惕地方债闯祸

拉动经济并无三驾马车

学界称"投资、消费、出口"为拉动经济的"三驾马车"，当年在大学听教授讲"三驾马车"逻辑井然，我没怀疑过；后来自己读凯恩斯的《就业利息与货币通论》，凯氏只强调投资与消费，未提出口，暗想可能是他疏忽了，不过脑子里就那么一闪，未做深究。2008 年美国爆发金融危机，中国为保增长推出四万亿元扩需，危机是成功应对了，可今天的产能过剩令人头痛，于是让我再次想到了"三驾马车"。

这里我不是要评点四万亿元扩需计划，既往矣，木已成舟多说无益。但有教训我认为还是应总结，当然总结教训也不能就事论事，而是要对"三驾马车"从理论上做反思。我的问题是这样：众人皆说"三驾马车"能拉动经济，倘如此，那么它们拉动经济的机理是怎样的？或者说投资、消费、出口在经济增长中分别扮演什么角色？各自的作用有多大？只有把这些问题弄清楚，心中有数政府才知下一步如何出手。

毫无疑问，若从某个时点看，"三驾马车"皆能拉动经济。凯恩斯当年说，经济萧条是源于国内有效需求不足。这判断是对的，企业把产品生产出来后没人买，产品压库，资金不能回流再生产便难以为继。凯恩斯又说，在这种情况下若政府去刺激投资或消费，能将那些压库产品卖出，企业则可继续生产。短期看，此推理逻辑上无破绽；但要是从长远看，以上分析又并非无懈可击。

多年前我曾撰文分析凯恩斯理论的疑点。行内朋友皆知，凯恩斯虽然主张刺激投资与消费，但认为扩需的重点是投资，理由是投资对扩需有乘数效应。我的疑问不在"投资乘数"是否存在，而是认为消费也有同样的效应。其实不只我这么看，今天的经济学教科书不仅讲"投资乘数"，同时也讲"加速原理"。不过前者是强调投资变动带动收入（需求）变动，后者是强调消费变动带动投资变动。既然消费能带动投资变动，自然也就能带动收入变动，殊途同归，是一回事。

举例说吧。某发电厂投资 100 万元，其中 80% 用于买煤，20% 用于消费，这样煤矿把煤卖给电厂，便得 80 万元的收入；假定煤矿再用这 80 万元的 80% 买机械，20% 发工资，那么机械厂可得 64 万元的收入；机械厂用 64 万元的 80% 买钢铁，20% 发工资，则钢铁厂可得 51.2 万元的收入。以此类推，当初电厂 100 万元的投资，最后会给社会创造出 500 万元的总收入，故投资乘数为 5。若换个角度，消费者拿 100 万元去买私人轿车，那么汽车厂可得 100 万元收入。汽车厂有了这 100 万元，可再用 80 万元买钢铁，20 万元发工资，则钢铁厂可得 80 万元收入。接着推下去，100 万元的消费带动的总需求，不同样也是 500 万元？

可见，用投资乘数证明投资是扩需重点未免有些牵强。

我的另一困惑，是投资对拉动需求的作用究竟有多大？投资肯定能扩内需，效果也立竿见影；可问题是投资拉动的只是中间需求而非最终需求。道理简单，增加投资虽可减少企业积压，而一旦投资完成又会形成新的产能，假若消费跟不上，对原本过剩的产能就会雪上加霜。这道理凯恩斯当然明白，所以他提出要重点投资公共设施，公共设施既不形成新的产能，还能带动私人投资，可一石二鸟、一箭双雕。

是的，投资公共设施不增加产能，而且也无需卖，似乎不存在"压库"一说。然而想深一层，若公共设施投资过度，导致设施闲置实际也是过剩或"压库"。再说，无论在何经济发展阶段，公共设施需求都是有限的，目前北京至天津建两条高速路已足够，就没必要再建新的高速吧？所以试图通过持续地投资公共设施拉动企业投资，甚至将公共设施投资当作拉动经济的"永动机"，那是不切实际的幻想。

说我的看法，与凯恩斯相反，我认为扩需的重点不是投资，而是拉动经济的另一驾马车——消费。明显地，消费与投资不同，投资只能拉动中间需求，而消费拉动的是最终需求。不知读者是否注意到近年来中央在讲扩需时的变化。十七大之前是讲"投资、消费、出口"；而十七大之后则是提"消费、投资、出口"。显然，消费与投资的排序变了。不要以为只是小的改变，排序改变的后面其实另有深意，至少说明中央认为对扩内需来说消费比投资更重要。

为何中央会这么看？用不着讲高深的理论，我们只需弄清一点，即生产的目的是什么？不二的答案当然是满足消费。既然生产是为了消费，那么无消费的生产就是为生产而生产。试想，为生产而生产是啥意思？生产不为消费岂不是发神经？所以扩需必须以消费为先，坚持用消费带动投资，用投资带动增长。事实上，任何没有消费的投资都是无效投资，除了增多 GDP，其他毫无意义。

最后再说"出口"。不少人以为增加出口能扩大需求，其实这只是个误会。不错，将国内过剩商品出口到国外，短期会减少国内库存，拉动国内投资；但要知道，一个国家参与国际贸易并非为了转嫁过剩，而是分享国际分工的利益，这样在出口的同时，就必须进口，否则只出不进或出多进少，那等于是拿国内资源去换人家的纸钞（外汇）。请问不进口你要外汇做甚？若出多少就进多少，出口又怎会增加需求？由此看，凯恩斯当年未将出口作为拉动需求的马车并非他的疏忽。

写到这里，我归总的结论是：拉动经济只有"消费"与"投资"一驾马车，消费是"马"，投资是"车"，即"投资"得以"消费"为牵引。至于出口，那是国家间互通有无，若是进出口平衡，出口对国内需求的影响可忽略不计。而此结论的启示是：一国经济能否持续增长，关键在扩内需而非扩出口，尤其是经济大国，更不可将"注"押在出口上。

扩消费应多管齐下

　　我曾撰文说，拉动经济并无三驾马车，消费与投资合起来其实就一驾：消费是马，投资是车。这是说，投资要以消费为牵引，拉动经济最终还得靠扩消费。若消费不振，仅加大投资是饮鸩止渴，对原本过剩的产能无疑会火上浇油。这方面以往我们有教训，痛定思痛，所以这里我先不谈投资，而专说怎样扩消费。

　　思来想去，此问题的难点我认为是消费不同于投资，政府掌握着财政大权，一言九鼎，扩投资可谓易过借火；但扩消费不同，消费是个人行为，老百姓自己挣钱过日子，如何消费怎会听政府招呼？政府总不至于搞强迫命令吧？不过换个角度想，政府虽不能直接干预个人消费，但却可通过一定的制度安排去予以引导。关键在于，这样的制度安排是什么？或者说要怎样设计才对？

　　事实上，中央早就提出要建立扩大消费的长效机制。所谓长效机制我理解重点有二：一是稳定的收入增长机制。收入决定消费，收入增长消费自然水涨船高；二是适度通胀的机制。大众消费买涨不买跌，若今天不买日后更贵，当然也会刺激消费。除了这两条，另外我还想到一点，就是清理抑制消费的相关政策，不然政策相互掣肘，扩消费也难以施展，不会有大作为。

以上三条，理论上应当无懈可击，可一旦进入到实际操作却有诸多难题。比如"收入增长"，中央说要保持居民收入与GDP增长同步，这个目标当然好，也是人心所向。然而居民收入（工资）决定于企业的初次分配，工资到底增多少政府说了怕是不算。我们知道，企业初次分配有三块：工资、利润与税收。要是不减税，政府强逼企业提薪，那样工资必挤占利润，利润被挤，企业投资会减少，失业增多则工资反而会降低。

绝非是在下拍脑袋，有前车之鉴：2007年年底出台新劳动法，言明要提高最低工资，由于当时没减税，结果工资普遍地挤了利润；碰巧2008年又赶上美国金融危机，内忧外困，当年就有近9万家企业停产，2000万农民工失业返乡。别误会，举这个例不是说新劳动法不该提最低工资；我想说的是，提最低工资可以，但应该先减税，不然政府只请客不买单，加重了企业负担后果更糟糕。

关于"适度通胀"之前我写过多篇文章，重复的话不再说，这里只指出两点：第一，通胀并非洪水猛兽，高通胀对经济有害，但适度通胀对经济却有益，至少它能刺激消费；第二，何为适度通胀？按世行的解释，是指通胀率不高于GDP（或财政收入）增速。这解释没错，我同意；不过前提是居民收入得跟上GDP增长，否则即便通胀适度，居民实际收入也可能下降。鉴于此，与其将通胀率绑定GDP，还不如直接绑定居民收入。只要通胀率不高于居民收入增长，则为"适度通胀"。

难题是怎样防高通胀？弗里德曼说，通胀始终是货币现象，只要投放货币不过多，通胀绝不会发生。从这个角度看，防高通胀关键在控货币，所谓"成本推动通胀"的说法是错的；"结构性通胀"的说法也是错的。国内学界有一观点，认为我们前几年通胀是由农产品涨价推动，于是主张政府打压农产品价格。其实，农产品涨价是因为供不应求，限价只会事与愿违，令供应更短缺。再说，出现高通胀原本是央行的错，去责罚农民算咋回事？

转谈政策吧。是的，当下某些政策确实抑制了消费，最典型的要数"限购"。前几年国内房价上涨，为控房价政府推出"房产限购"政策；无独有偶，为缓解交通压力不少城市又出台了"汽车限购"政策。不必怀疑政府这样做的初衷，但限购无疑也压制了消费。如果说十多年前国人消费热点是家电，而今天的热点则是买房购车，若这两项皆被"限购"又何以提振消费？并非扣帽子，近年来经济下行原因虽多，但"限购"恐怕难辞其咎。

我不主张限购，可房价高了低收入者买不起房怎么办？难道政府就坐视不管？当然不是。居者有其屋，照顾穷人住房政府责无旁贷。但住房与买房是两回事，帮助穷人居住政府可提供的廉租房，大可不必打压房价。可以肯定，即便目前房价跌一半，穷人还是买不起。而房价大跌极可能使今天的有房者变成"无产者"；甚至有人因还不起房贷而拖累银行酿成金融危机。

有人说住房是特殊商品，但无论它怎样特殊终归还是商品。是商品，价格就要由供求定。如果我们相信供求定律，就绝不会相信房价只涨不跌的神话。八年前我写文章说"房产升值不是铁律"，并断言十年内国内房价必降无疑。现在看是说中了，可我那并不是望天打卦碰运气；而是基于对房地产供求分析所得的判断。眼下房价正在回落，据说不少城市房地产"限购"已开始解禁，是好消息，能早解禁就早解禁吧。

我有预感，解禁汽车"限购"也是迟早的事。对交通拥堵政府当然要管，而且必须管，但不一定非得"限购"不可。你想，企业有汽车要卖，工人要就业，各地都限购汽车厂家岂不要关门？所以从扩消费的角度看，可取之策是"限用"而非"限购"。人们想买车尽管买，多多益善；但用车要限制。比如"限号出行"或"提高停车收费"同样可缓解交通拥堵，国外经验也证明行之有效，既如此我们又何必去限制消费呢？

扩投资的三种选择

　　我最近连续写了几篇文章，中心意思是扩投资与扩消费相较，后者才是拉动经济的重点。可时下学界有个流行观点，说上半年消费与出口皆基本稳定，唯有投资增速同比不升反降，有数据支持，故因此断定经济下行是由投资不足引起，认为拉动经济的重点是扩投资。实话说，这观点我不同意。

　　不否认，上半年投资增速确实在放缓，相关数据的真实性毋庸置疑，不过即便如此，我认为也不能得出扩投资是拉动经济重点的结论。路人皆知，目前中国经济的症结是产能过剩，亟待"转方式、调结构"，而调结构投资放缓在所难免。站在企业的角度想吧，若市场需求不振，产品卖不出怎可能去盲目扩投资呢？由此看，当务之急应是扩消费，扩投资也要以扩消费为前提。

　　这观点我曾说过多次，也反复解释过。本文要讨论的，是假定市场有需求政府该怎样扩投资？这问题其实用不着多想，办法就两个：一是加税，二是发债。是的，扩投资不能空手套狼，首先得有钱，没钱谈何扩投资？关键问题是钱从何来？政府并无点石成金的本领，除了加税与发债怕是别无他法，所以跟下来的问题，实际是要讨论政府扩投资应首选加税还是首选发债。

显然，对这问题的处理，各国的做法不尽相同。美国次贷危机后，奥巴马提出了 1.5 万亿美元的加税计划；而中国相反，则主要是发债，并同时推出了结构性增减税方案。那么加税与发债究竟何者更优？若二选一，我不选加税。为什么？个中道理美国众议院预算委主席保罗·莱恩说得明白："政府收税越多，最终获取的就越少。对创造就业者收税越多，你获得的就业机会就越少；对投资征税越多，你获得的投资就越少。"

不错，当一国经济进入下行期，加税无疑是杀鸡取卵，那样不仅会抑制民间投资，还会打击公众消费。发债呢？发债吸纳的是闲置资金，短期看，对民间投资与消费无碍；而对政府投资肯定有助。当年亚洲金融危机爆发后，中国就是通过发债，经济才得以化险为夷；2008 年美国次贷危机殃及全球，中国还是发债。当初不少国外学术机构危言耸听，预判 2009 年中国经济将跌破7%，结果却增长了 8.7%。

别误会，我不选加税而主张发债，不是说扩投资就非得发债不行。我的意思是，短期内发债比加税可取。但若长远看，发债也非上选，最终也会排挤民间投资，故发债虽可应急，但只能是权宜之计。为何这么说？让我从两个角度解释。

第一个角度，是从价格累积过程看。瑞典经济学家维克塞尔1898 年出版《利息与价格》，提出"累积过程原理"，此原理一直被视为凯恩斯主义的先导。何谓"累积过程原理"？维克塞尔首先区分了"货币利率"与"自然利率"，他指出，货币利率是指借贷"货币资本"的利率；而自然利率则是指借贷"实物资本"的利率。比如人类社会在没有出现货币之前，企业借贷的不是货币，而是实物，还本付息也是用实物，这种所付"实物利息"与所借"实物资本"之比，就是自然利率。

于是维克塞尔推断说，当货币利率与自然利率一致，资本供求处于均衡状态，生产既不会扩大，也不会缩小，价格将保持稳定；当货币利率低于自然利率，企业发现有利可图便会扩大生产，而需求增大，价格将不断向上累积上涨；反过来，当货币利率高于自然利率，由于投资成本升高企业会相应压缩生产，需求随之萎缩，价格则进入一个向下累积的过程。

以上维克赛尔分析的是利率与价格，给我们的启示是，当货币利率一旦高于自然利率，企业便会压缩投资。也许有人问，这与我们讨论的政府发债有关系吗？当然有。不要忘了，政府债的最大买家是银行，银行买了政府债企业贷款会减少，而贷款紧缺必推高货币利率。中国最近的情形正如此，不信你去听听企业家怎么说吧。

另一角度，是从政府投资的挤出效应看。经济学有个著名的"李嘉图－巴罗等价定理"，该定理说，政府今天的债就等于明天企业的税。当然这也是从长期看。想想也是，政府发债自己肯定还不了，还债最后还得靠企业缴税。这样政府发债越多，企业日后税负就越重。而企业缴税多了，利润减少投资也会减少。故经济学说政府投资有挤出效应，即政府今天的投资可能挤出企业明天的投资。

　　由此看，除了发债，扩投资还有一种选择，那就是减税。发债是扩政府投资，减税是扩企业投资。对此，学界并无分歧，而分歧在于，扩政府投资与扩企业投资该怎样取舍。我的观点，政府投资应该扩，但重点应扩企业投资。政府扩投资无非是创造就业，扩企业投资其实也一样创造就业。而且由于预算约束不同，投资效果也大不同。我们时常听说搞政府工程有官员腐败，可有谁听说过官员自己家里装修有吃回扣的呢？

　　写到这里，让我对本文做一小结，有三个要点：第一，短期看，扩政府投资加税不如发债；第二，从投资效果看，扩政府投资不及扩企业投资；第三，扩企业投资政府应少发债多减税。若说得再简洁些，一句话：扩投资加税不如发债，发债不如减税。

反浪费需釜底抽薪

最近报刊上关于反"浪费"的文章多，矛头直指高消费。我看过一些文章，读之再三，总觉得对怎样反浪费尚需讨论。并非不赞成反浪费，有浪费当然应该反，也必须反。问题是"浪费"的确切含义到底为何？或者什么样的消费算浪费？是否所有的高消费都是浪费？若以上问题厘不清，反浪费恐怕难以集中火力，甚至会打偏靶子。

说来也怪，多年来政府一直在倡导反浪费，可迄今国内并没有人明确界定怎样的消费是"浪费"；而且也不见国外有哪位学者对"浪费"下过确切定义。于是我想，是"消费"与"浪费"的界限无需界定还是难以界定？我的看法是后者。是的，现实中浪费现象我们每天耳闻目睹，可一旦要给"浪费"下定义却并不容易。

比如高消费是否是浪费？骤然听好像是，但仔细想，似乎又不完全是。比如你去买棉衣，一件普通棉衣价格300元，可一件名牌棉衣价格上千。就保暖来说，名牌与普通棉衣几乎无异。若只为保暖你花1000元买名牌显然是浪费了，但要是除了保暖还追求品味，买名牌就物有所值，算不上浪费。由此看，我们不能简单说买名牌就是浪费，不然大家都不买名牌谁会去创名牌？那样生产名牌的企业就得关门了。

再比如请朋友吃饭。古人说："有朋自远方来，不亦乐乎。"既然是久别重逢，请朋友吃顿饭是人之常情，也无可厚非。问题是这顿饭怎么请，在路边小店 100 元能管饱，而去高档饭店要花数百元，那么在高档饭店请客是不是浪费？这问题旁人恐怕也不好答，因为浪费与否只有请客者自己知，若他本人不觉得是浪费，你凭啥说是浪费？

当然，并不是所有高消费都不是浪费。我的观点，用公款高消费确实容易出现浪费，而私人消费却不容易浪费，至少不可能有普遍、长期的浪费。我的推理是这样：亚当·斯密当年提出"经济人"假设，说人不仅理性，而且自利。倘若如此，人们花自己的钱消费会懂得节约，一般不会大手大脚。将心比心，假如你是自己掏腰包消费，大概也不会平白无故地浪费吧？

或许有人会说，人未必完全理性，私人消费也会有浪费。虽不排除这种可能，但不应该普遍存在。比如你花钱请家人吃饭，结果菜点得太多吃不完是可能的，但这情形并非你不理性，而是信息不充分，因为饭前你并不知道每人能吃多少。不过有了这次教训，下次就会引以为戒。留心观察，现在很多私人聚会为何要让客人点菜？而且饭后打包回家也越来越多？原因无他，那正是请客者为了避免浪费。

另一个例子，是有些年轻女性与丈夫吵架后心情不佳，于是跑去商场狂购，近于发神经，结果买回一大堆自己并不需要的衣物。经常听朋友讲这样的故事，有人说是浪费，不过我并不那样看。要知道，当事人狂购的目的并非购物本身，而是一种心理发泄，否则她就得去看心理医生。若花钱看心理医生不是浪费，狂购也就不是浪费。再说，只要她不将衣物一把火烧掉，将其转送亲友就更不是浪费了。

为何公款消费容易浪费？顾名思义，症结就在"公款"上，不是花自己的钱，花公家的钱消费当然不心痛。你看人家老外聚会，通常都是 AA 制，就是请客也很简单。经常听朋友说老外吝啬。其实并非老外天生吝啬，那是他们的体制吝啬，请客不能报销。若能公款请客，他们照样会一掷千金。同理，我们请客大方也非我们中国人大方而是体制大方，请客可以报销。假若有一天政府规定请客不让报销，你我都不会大方了，你信不信？

对比"八项规定"出台前后的情形，读者应不难得出与我相同的判断。"规定"出台前，京城各高档酒店车水马龙，而"规定"一出则门庭冷落，你道为什么？根本原因是公款消费被限制了。由此看，支撑高消费的主要是公款。若公款消费不管住，反浪费的力度再大也是舍本逐末。所以，当务之急，首先是要想办法将公款消费管住。

当下要研究的，是公款消费怎样管？据说现在的高档饭店时常有专人巡查，重症下猛药，作为权宜之计这样做未尝不可，至少有一定的震慑力。但这终究不是治本的办法，因为巡查也要耗费人力物力，何况不是所有公款消费皆能查得到。依在下看，还不如直接釜底抽薪，比如中央明确规定，今后公务接待只能放在机关食堂，并严控标准；除此任何人不得用公款在外边酒店请客，餐费一律不准报销。如此也就用不着再劳师动众地巡查，只需查各单位的财务发票，有无公款高消费便一目了然。

行文至此，我的观点很明确：一方面我们要反浪费，但同时又不能抑制正常的消费。两者要兼顾，不可顾此失彼，尤其是当前中国经济下行压力大，提振消费刻不容缓，这也是中央的大政方针，所以我们既不能因为提振消费就放任浪费，也不可因为反浪费就抑制消费。至于两者关系怎样处理，经济学的办法就一条：放开私人消费，严控公款消费。

最后再说一句，本文讨论的是消费中的浪费，事实上生产中的浪费也大量存在，而且也应该反。不过此问题涉及更复杂的层面，需做专门探讨，限于篇幅这里先存而不议。

警惕地方债闯祸

最近中国社科院有专家说，中国地方政府债务已破"20 万亿元"，听来让人震惊！而国家审计署前几天则公开称此数不实，相关媒体也刊出了更正。我也不信地方债会有那么多，但认为风险肯定有，若不加管束可能闯祸不是危言耸听。

我不反对地方发债，缺钱借债无可厚非；但地方举债我认为应该量力而行。据官方消息说：去年重点审计的 36 个地区，债务率超过 100% 的就有 16 个，最高的为 188.95%，加上政府所做的担保，债务率达 219.57%。怎么会这样？所谓债多不愁，难道地方政府当初借债时真的就没想到要还？

令人不解的是，银行不蠢，为何明知地方政府还不起债却还要给贷款呢？对此银行自己解释是"被逼无奈"，不排除这种可能，之前也确有地方政府给银行施压，扬言不贷款就抽走财政存款。但我个人认为此事绝非像银行说得那么简单。无利不起早，银行一定有自己的考虑，是何考虑暂不讲，容我后面谈。

先说地方债，目前的地方债有三块：一是中央政府代借代还，二是地方自借自还，三是地方政府为"融资平台公司"贷款担保。

现在看，风险并不在第一种，中央替地方借债不仅规模可控而且还债有保证，不会出风险；问题是第二、第三种，规模无约束，如脱缰野马一哄而起，结果自是一"放"不可收。

当然，也并不是说完全没约束，约束还是有的。自古欠债还钱，"还钱"就是约束。可你说怪不怪，时下不少地方借债似乎不会考虑还钱的事，只要能借皆来者不拒。所以如此原因其实简单，"还钱"虽是约束，但约束的只是政府而非官员。铁打的营盘流水的官，官员几年一换，不等债务到期人家早就远走高飞了。

说一件我亲历的事。数年前我在某欠发达地区调研，当地的一位市长告诉我，市府向国家某商业银行借了70亿元30年期的贷款用于城改。我问这么大一笔钱将来怎么还？他说在自己任期内给银行每年付利息就可以，30年后的事天知道，那时我早已退休，管不了也不用管。

一语道破，这正是当下的症结所在。仔细想，那位市长说得没错，为官一任，谁不想造福一方？然而巧妇难为无米之炊，尤其是欠发达地区，财政没钱啥也干不了，岂能甘当落后？逼不得已，于是政府只好向银行借。有人批评那是地方官员为了追求"政绩"才让政府过度负债，可请问天下哪有官员不追求政绩的呢？

转谈银行吧。说过了，银行不蠢，银行所以敢给地方过度放贷，除了被逼，我认为另一个重要原因是银行坚信地方政府不会破产。是的，中国不比西方，人家西方联邦制的国家地方政府有可能破产，而中国不会。我们的中央与地方政府是父子关系，血脉相连，一旦地方出事中央政府绝不会见死不救。

如此一来，有中央政府做靠山，银行给地方政府贷款风险就几近于零。当然也不是太绝对，实际上，所有贷款都有风险，只是风险大小有不同。而摆明的一点：就政府贷款与企业贷款比，企业只承担有限责任而政府承担无限责任，两害相权，假若你是银行行长你会怎么做？

想多一层，说中央政府与地方政府是父子，中央政府与国有银行又何尝不是？既然大家是一家人，银行把钱借给地方政府，即使将来有啥闪失收不回，中央政府也会兜底。不是吗？当年国企欠银行那么多债而银行所以能安然无恙，最后就是有中央政府兜底，将不良贷款剥离给了四家"金融资产管理公司"。

问题很清楚，这些年地方债务失控，说来说去原因不过有三：一是地方政府投资冲动，二是中央财政集中过多而地方财政捉襟见肘，三是银行缺乏风险约束。针对此三点，有学者对症开药：提出今后地方债只能由中央代借，重新确定中央与地方财政的分配比例，加大国有银行改革力度以强化风险约束。

原则上，以上主张我都赞成，但也有三点疑问：第一，中央替地方借债当然好，问题是中央政府要最后对偿债负责，这样地方政府会不会更加有恃无恐？第二，重新界定中央与地方财政的分配比例做起来很复杂，远水能否解得了近渴？第三，不论银行怎么改，若中央与地方父子关系不变银行风险怎会变？

大道至简。控制地方债最简便的一招，在我看来是要约束关键人，具体说是约束地方的主官。当下的问题，是"还钱"作为借债的约束只能约束政府而不能约束官员，若能通过某种制度安排约束官员，此事当不难解决。设想一下，假若让地方主官对当地政府欠债负责，比如规定债务率超 100% 不得升迁，地方断不会再乱借债的。

研究经济学数十年，有个看法我始终坚持，即约束政府必须先约束官员。政府由官员掌控，官员不受约束政府行为规范不了。类似例子是银行。20 世纪末国内银行坏账率高得离谱，而央行推出"贷款终身负责制"后效果立竿见影。尽管今天人们对此还有不同看法，但"责任到人"的制度设计理念我认为没有错。

敢问一句：银行可以做到的事，何不让地方政府也做到？

转方式与稳增长

中国经济会否硬着陆

谁是调结构的主体

中等收入何来陷阱

谁在妨碍扩消费

"经济下限"怎样守

▲

中国经济会否硬着陆

春节聚会多，是中国的传统，不足为怪。但往年朋友聚在一起多是嘘寒问暖，喝酒打牌；而今年大家则大谈经济形势。而且明显的感觉，多数人都担心今年的经济会硬着陆。说实话，本人虽不敢盲目乐观，但也没有那么悲观。这里就来说说我自己的看法，一家之言，对或不对读者尽可悉听尊便。

我不认为今年经济会硬着陆，当然不是说经济增速不会降。肯定的，今年经济增长比去年会低一些，但不会低太多，准确地讲不会低过 7.5%。何以见得？重要的一点，我认为是政府希望今年的经济增长能放慢点，以保持 7.5% 为宜。这是说，如果政府今年想"保八"，"8%"也照保。做此判断的理由容我暂不说，卖个关子，还是先回顾一下历史吧。

1998 年，亚洲金融危机爆发。史无前例，中国一下子 2000 万职工下岗。就在这年 3 月，国务院提出要"保八"，当时很多人认为不靠谱。更有海外研究机构危言耸听，说中国不仅不能保八，而且会破五。不想此言一出，举国皆惊。可结果呢？年底各地汇总起来的数据却超出 9%。国务院压掉一些水分，最后对外公布 7.8%。人们还是不信，在记者招待会上有人问朱总理"7.8"有无水分？朱总理回应，说我们今年的 GDP 有水分，但去年的 GDP 也有水分，水分年年有，只要今年不比往年多，7.8 就是真实的。答得妙！的确，增长率是当年的 GDP 除以上年的 GDP，分子分母都有水分，约掉后自然就没水分了。

无独有偶。就在三年前（2008 年），美国又发生了次贷危机。远隔太平洋，然城门失火殃及池鱼：中国 6.9 万家中小企业关门；2000 万农民工下岗返乡。为保就业、保民生，2009 年年初国务院再次提出要"保八"，当年 4 月，全国工商联召开经济分析会，会上又有学者对"保八"质疑，并用 PPT 演示大量的数据图表，言之凿凿证明不可能"保八"。而我则在会上表示，担心不能"保八"是杞人忧天。果不其然，那年经济增长是 9.7%。

说实话，我历来不信数量经济派搞的那种"预测"。经济学不是物理化学，研究的是人的行为，人的行为怎可用数学算得出？当然，不是说经济学不可以推测，但推测需要约束，要依托理论框架。否则，无视约束的"预测"就无异于望天打卦，江湖游戏而已。大前年我说中国能"保八"，也敢说今年不会低过"7.5"，这不是预测是推测，此推测是基于对中国体制约束的认识。主要有两点：

一是干部体制。当下中国的干部体制，外人不容易明白，而我们自己却清楚。但凡从政的都想提升，想提升就得有政绩。政绩是什么？对地方官员来讲，政绩有多方面，但看得见而又可做横向比较的还是 GDP。尽管政府高层三令五申不搞 GDP 崇拜，可地方政府却没人敢掉以轻心。所谓"数字出政绩，政绩出干部"，反映的正是这种体制。若体制不变，中央说 GDP 要保几，地方就一定会保几，从无例外。1998 年如是，2009 年也如是。

二是投资体制。经济学说，GDP 是靠"投资、消费、出口"三驾马车拉动的。众所周知，目前欧洲因为主权债务焦头烂额，而美国经济复苏又明显乏力，由此看，今年的出口估计不会太乐观。消费呢？政府有意提振消费，但消费却决定于收入，短期内若老百姓收入无明显提高，消费对 GDP 的支持也不会有大作为。这样一来，现在能指靠的主要还是投资。有数据显示，中国以往投资对 GDP 的贡献占 50%，出口占 40%，而消费仅占 10%。

于是问题就来了。政府最近明确表态，今年的国债要缩减，同时稳健货币政策要保持不变。倘如此，那么投资从哪里来呢？我的看法，缩减国债并不等于减少投资，而稳健货币政策不变也非绝对不变。道理简单，政府要稳增长，若"7.5"一旦稳不住，央行必调整货币政策。有先例。1998 年政府曾说财政与货币政策皆从紧，但年中不仅发了 1000 亿元特别国债，还借了 1000 亿元配套贷款；2008 年政府也说要防过热、防通胀，可年底前便改弦易辙，推出了"4 万亿"扩需计划，并扩贷 5 万亿元。

是的，货币政策会不会变，不好一概而论，央行得见机行事。前年央行说"宽松"政策不变，可不多久（10 月底）银行就加息，跟着去年又 6 次提高存款准备金率，4 次加息。为何如此？因为物价上涨了。出了通胀，央行不可能再墨守成规。同理，虽然央行说今年"稳健"货币政策不变，但若 CPI 回落而经济继续走低，货币政策怎会不变？可观察到的数据，去年 CPI 全年 5.4%。7 月份最高，为 6.5%；然后一路回落，12 月份降至 4.1%。而 GDP 呢，增速已连续四个季度下滑。按弗里德曼的分析，从货币变动到物价变动大约是 12—18 个月，那么今年 CPI 还会往下走。为保就业，我推断二季度定有"宽松"政策出台。

回头再说投资。前面我讲缩减国债不等于减少投资，其实这里有个前提，是政府得加大减税。我说过多次，积极财政政策不只是发国债，发国债是积极财政政策，但减税也是积极财政政策。要知道，发国债支持的是政府投资，而减税则是增加企业投资。如若今年国债少发 1500 亿元，而政府再多减税 1500 亿元，此消彼长，投资规模不会少。不过眼下我拿不准的是，政府信誓旦旦要加大减税，但不知具体会怎么减。有知情的朋友可否告诉一下？

谁是调结构的主体

众人皆说中国需要调结构，我也认为结构应该调，英雄所见相同，大家没分歧。不过再往下讨论，如结构由谁调、怎么调？学界的看法就大相径庭了。不久前参加"21世纪经济报道"举办的论坛，会上有人主张结构应由政府调，我当即表示不同意。不是说政府可以袖手旁观，而是受职能所限，政府实在不该担当调结构的主角。

关于政府的职能，不知读者怎样看。200多年前，亚当·斯密说政府是"守夜人"，后来弗里德曼又说政府是"仆人"。无论是"守夜人"还是"仆人"，政府职能不过是四项：国家安全、社会公正、公共服务与扶弱济贫。归总起来，政府要做的其实就两方面：一是监管，二是服务。好比一场球赛，政府的角色是裁判，裁判只管比赛规则，而具体派谁参赛要由领队定，裁判不能管。调结构也如此，政府的职责是维护竞争公平，至于结构怎么调还得让企业定，因为企业才是经济活动的实际主体。

我不主张由政府主导调结构，另一个理由，是调结构若由政府主导得有三个前提要成立：第一，政府要事先知道怎样的结构是好结构；第二，政府（官员）要比企业（家）更关注市场；第三，行政调节要比市场调节更有效。问题是这三个前提成立么？说实话，我本人的看法是否定的。想想吧，政府并非先知先觉，怎会提前知道怎样的结构是好结构？早些年，政府曾说电多了要限制上电厂，可过不多久又说电短缺到处拉闸限电，说明政府并无先见之明是不是？

说到官员与企业家谁更关注市场，是简单的问题，官员坐在办公室里看文件听汇报，而企业家却在市场里摸爬滚打，你说谁更懂得市场？再有，官员看错市场自己不赔钱，无关痛痒；而企业家呢，一旦投错了项目赔的是真金白银，利害攸关他们不关注市场行么？倒是第三点，想来想去还是觉得不好一概而论，行政调节见效快，立竿见影，但却容易一刀切；而市场调节虽非一刀切，但见效慢，远水难解近渴。所以行政调节与市场调节哪个更有效的确要视具体情况定。

综合权衡，两害相较取其轻，故政府我认为不宜作为调结构的主体。可政府不做主体谁做主体？当然只能是企业。或许有人问，政府不知怎样的结构是好结构，难道企业家能知道？其实，企业家也照样不知道。于是问题就来了，既然大家都不知什么结构是好结构，为何调结构政府不能主导而企业可以主导呢？对此我的理由是，企业家比政府官员更关注市场，他们能根据价格变化去调整投资。

是的，价格是市场的风向标，它不仅由供求决定，而且同时也反映求。某商品涨价，一定是该商品供不应求；反之则供过于求。如此，假若企业能按市场价格的指引去投资，所形成的结构，就应该是好的结构。至少，这样的结构在理论上是符合市场需求的。人们常说要发挥市场的基础性调节作用，何为基础性调节？说白了就是放手由价格引导资本流动，实现资源的优化配置。

以上讲的，当然是理想状态，在实际操作中，可能还会遇到意想不到的困难。比如，价格若不能真实反映供求怎么办？我这样提问并非杞人忧天。众所周知，当下我们某些商品还存在着价格管制，特别是对某些农产品与能源产品的价格政府至今并没放手，有些甚至还是直接定价。如此一来，价格被管制，市场信号就不可能真实地反映供求。而市场信号扭曲，按价格调结构岂不会南辕北辙？

写到这里，有个问题不妨追问一下，今天的结构是怎样形成的？近些年，我们一直在调结构，可结构为何总也调不好？说起来，原因当然是多方面，但不管怎样，价格的行政管制怕是难辞其咎。不是吗？这些年各地对高能耗项目趋之若鹜，谁能说与能源价管无关？企业家不蠢，他们最懂成本核算，要是当初放开价格，能源价格高了高能耗项目会有人争先恐后地上么？

很清楚，要让市场引导企业调结构，我们别无选择，当务之急是要尽快放开价格。只要政府不再直接管价格，价格就能真实反映供求，商品比价就会趋于合理。这样有了价格的指引，企业调结构自会水到渠成。由此看，政府放开价格，本身就是在调结构。因为产业结构最终要决定于商品的比价，而商品比价是否合理，关键又在价格是否反映供求。

是的，结构问题与供求密不可分，离开了供求谈结构，那是舍本逐末毫无意义。有一种流行的观点，认为中国结构问题的症结在第三产业发展滞后，理由是与第一、二产业比，第三产业占比偏低。奇哉怪哉！据我所知，政府从未管制过第三产业价格，你凭啥说第三产业滞后？倘若第三产业真的滞后，供不应求价格一定上涨，价高利大企业怎会不投资呢？这道理说不通吧！

我曾多次说过，一个国家的结构不可简单地与别的国家比。美国第三产业比重是很高，但由于经济发展阶段不同，要素禀赋不同，我们怎可张冠李戴复制人家的结构呢？不错，配第一克拉克定理是说过，随着经济发展劳动力分布在第一产业会减少，第二、第三产业会增加。此乃结构演进的一般规律，没有错；但该定理并未回答第三产业占比多少算合理呀。

值得注意的是，时下不少地方信誓旦旦，均表示要大力发展第三产业。第三产业应该发展，无可厚非，但我们绝对不能去拔苗助长。否则大家一窝蜂，地区间不讲分工将来结构肯定会雷同。因此解决结构问题最好还是回到供求上来，就两点：一是看市场需求（价格），二是立足自己的绝对优势或比较优势。

中等收入何来陷阱

　　毋庸讳言，近两年中国经济下行压力明显加大，有人断言是因为遭遇到了"中等收入陷阱"。早就听到过类似的说法，只是当初不以为然；近来读报看电视，发现拿"陷阱"说事的人越来越多，不少人还据此料定中国经济已到拐点，从此会走下坡。而背后的潜台词是，既然"中等收入陷阱"是一道迈不过的坎，规律如斯，面对经济下行就只能听天由命。

　　是这样么？说实话，我个人不同意将当下中国经济下行与"中等收入陷阱"相联系，甚至对"中等收入陷阱"这一提法本身我认为也有诸多疑点。这些天查阅文献，发现有个现象很奇怪，众人皆说中等收入有陷阱，口口相传，可并未见有哪位学者对为何有"陷阱"给出论证。简单的分析是有的，不过都似是而非，难以令人信服。问题是，用一个有待论证的"理论"给中国经济下判定，这样做是不是有些草率呢？

　　我看到的文献，"中等收入陷阱"的发明者是世界银行。2006 年世行发表的《东亚经济发展报告》首次提出此概念，意思是说，进入中等收入的国家通常会面临一个两难境地：在工资成本方面无法与低收入国家竞争；而在高新技术方面又无法与高收入国家竞争，上下被挤压，于是中等收入国家很容易陷入增长停滞期。骤然听，似乎不无道理，然而深入想却疑点多多，让我指出以下三点：

首先，中等收入国家的工资成本比低收入国家高，这当然是事实；而在高新技术方面与高收入国家比存在差距，也是事实。然而这事实怎可推出中等收入国家必陷入停滞呢？不要忘了，中等收入国家的工资成本虽比低收入国家高，但技术水平也比低收入国家高。同理，中等收入国家技术水平不及高收入国家，可工资成本也相对低。故与低收入国家比中等收入国家在技术上具有优势，而在工资成本方面与高收入国家比具有优势。这样看，中等收入国家大可不必妄自菲薄，谁说中等收入国家只能用自己的短处比人家的长处？天下没这道理吧！

其次，一个新理论能否成立需经过实证，只有经过实证未被推翻理论才算成立；若一旦被事实推翻，理论就不成立。"中等收入陷阱"是否成立？赞成者大多举东南亚与拉美国家为证：马来西亚 1980 年人均 GDP 为 1812 美元，而到 2008 年达 8209 美元后就徘徊不前了；再看阿根廷，1964 年人均 GDP 约 1000 美元，20 世纪末上升到了 8000 多美元，2002 年又下降到 2000 多美元，2008 年又回升到 8236 美元。东南亚与拉美类似的例子很多，经数十年努力都一直未过 1 万美元。

以上举证不能说没有说服力，但要指出的是，科学验证的重点是证伪而非证实。比如"天下乌鸦一般黑"，大家均认定乌鸦是黑的，但若有人举证有一只乌鸦是白的，那么"乌鸦是黑的"就被推翻了。验证"中等收入陷阱"也如是，只要能举证有一个国家从中等收入到高收入未落陷阱，则"陷阱说"就立不住。有这方面的例子吗？当然有。比如今天高收入的美国当年就未遇陷阱；日本 1972 年人均 GDP 约 3000 美元，到 1984 年就突破 1 万美元，由低收入到高收入国家只用了 12 年；韩国的时间更短，只用了 8 年。1987 年人均 GDP 约 3000 美元，1995 年就达到了 11469 美元。

再次，经验说，不论低收入国家还是高收入国家，经济都可能出现停滞。老牌的工业化国家英国，一战后便风光不再，今天在经济上已成二流国家；美国堪称世界经济老大，可 20 世纪 70 年代也曾出现停滞，6 年前还爆发了金融危机。低收入国家呢？经济停滞的例子更多，俯拾即是。可令人匪夷所思的是，既然增长停滞在任何收入水平的国家都可能出现，并非中等收入国家所独有，那么又何必要危言耸听，搞出一个所谓"中等收入陷阱"来？

回头再说中国经济，当下经济下行原因有多方面：主要的，一是近年来欧美经济不济，中国对外出口受阻，外需明显减弱；二是国内产能过剩，调结构需要时间；三是中国已成全球第二大经济体，GPD 达 56 万亿元，基数如此之大，增速放缓不足为怪。显然，以上这些因素皆与所谓"陷阱"无关，是特定时期的特殊问题。若硬性将这些问题与"中等收入陷阱"挂钩，无疑是庸人自扰，除了误导决策，我看不出会有半点用处。

曾说过多次，对中国经济前景我一贯看好，今天仍不变。事实上，中国也有自己的竞争力：经过三十多年的改革开放，工业化基础雄厚，技术水平虽赶不上发达国家，但比低收入国家要先进得多；工资成本虽比低收入国家高一些，但比高收入国家要低得多。这正是我们的比较优势所在，只要我们扬长避短，减少体制掣肘利用好自己的优势，长远地看，对中国经济我们没有理由不乐观。

当下最要紧的有两点；一是调结构。产能过剩必须调结构，阵痛在所难免，增速也会低一点，但这是必付的代价，决策层要有心理准备，也要有自信与承受力；另一点是扩内需，外需不足内需补，舍此别无选择。中国近 14 亿人口，扩内需得天独厚，我敢肯定，若能将国内需求带动起来，中国保持 10 年 7% 增长绝不成问题。

谁在妨碍扩消费

政府有意建立扩大消费的长效机制，是新思路，前所未有；而且当前经济下行压力大，提振消费刻不容缓。而现在的问题，是我们并不清楚何为长效机制，不仅政府对此没做解释，学界相关的文章虽然多，但对长效机制是怎回事也只字未提。这些天我思来想去，想到了两条，不知别人怎么看，这里来说说我的看法。

原则上，说收入决定消费不应该错。摆明的一点，消费不可能是无源之水。你手里有钱（收入）能消费，不然囊中空空，即便想消费人家也不会把商品卖给你。当然，现代市场经济，银行业发达，你可以借助"信用"去消费，但"信用消费"有个前提，那就是你要首先有"信用"。何谓"信用"？直白地讲就是你要有偿还能力（收入），银行要相信你借钱消费后不会赖账。

这是一个角度，若换个角度看，人们有收入就一定消费么？恐怕未必。这不单是因为国人有节俭的传统，想深一层，人们的收入按时间长短其实可分两种：一是当期收入，二是持久收入。经验说，当期收入高低会影响消费，但对消费起决定作用的并非当期收入而是持久收入。何以见得？将心比心吧，假如你现在月薪一万元，请问你会花光用尽么？假如你对未来预期乐观，也许会；但若你预期将来收入会减少，是不是要存钱？

引申到政策层面，这是说，建立扩大消费的长效机制，不仅要提高人们的当期收入，更重要的是要增加持久收入。不久前中央提出 2020 年的居民收入与 GDP 要比 2010 年实现同步翻番，这个表态非常好，好就好在能稳定人们的预期，有助拉动消费。然而遗憾的是究竟如何理解翻番，至今人们众说纷纭，无一致说法。

时下许多专家对翻番的解释，在我看来皆过于复杂。我理解，所谓 GDP 翻番，是指 2020 年的产值以 2010 年（基期）的不变价格算要增一倍。简单地说，GDP 翻番要刨去涨价的因素。比如 2010 年生产 10 吨钢材，价格每吨为 4000 元，那么创造的 GDP 是 4 万元。若 2020 年钢材每吨涨到 8000 元，那时生产 10 吨钢的 GDP 就达 8 万元。这样产值是翻番了，但扣除通胀经济其实没增长。由此见，GDP 翻番说到底是产量要翻番。

收入翻番呢？收入以货币衡量，与 GDP 不同，不好以不变价格算。理论上，收入翻番可用 2020 年与 2010 年的货币购买力做对比，不过这样处理很麻烦，因为 8 年后的货币购买力今天无从知道。而我想到的办法很简单，做加法。比如今后居民收入每年增长 7%，2020 年居民收入能比 2010 年翻一番，但这只是名义收入翻番，因为有通胀，实际收入未翻番。要确保实际收入翻番，还得加上通胀率，若今后 CPI 每年 4%，则居民名义收入增长不能只是 7%，而应再加 4%，共增长 11%。

扩大消费的第二个重点，是适度通胀。为何适度通胀可作为刺激消费的长效机制？最根本的理由，是大众消费心理买涨不买跌。商品涨价就抢购，商品降价就持币观望。两年前市场上大蒜涨价，很多人抢购大蒜；后来又传言食盐涨价，人们又一窝蜂抢购食盐。可十多年前我花 2000 多元买 VCD 机，数月后降至 800 元，我推荐朋友去买，你猜我那朋友怎么说？他说既然能从 2000 多元降到 800 元，不信不会再降到 500 元，再等等吧。

是的，通胀确实能刺激消费，中外亦然。但令人棘手的是，国人历来对通胀敏感，谈"胀"色变，如此，若把通胀作为扩消的长效机制岂不是要找骂？几年前，政府搞过通胀但没明说是"通胀"，而是说"宽松货币政策"，两者实际上是一回事。既然"宽松货币政策"就是"通胀"，可政府为何不明说呢？个中原因，大概是政府担心明言通胀会引起人们恐慌吧！

我完全理解国人为何反感通胀。说来也是，通胀一旦来临，名义收入若追不上通胀实际收入就得下降，有谁希望日子越过越拮据呢？这样看，人们反对通胀在情在理。不过今非昔比，政府已承诺今后居民收入增长既与经济增长同步，又与通胀挂钩，若真如此我们当然不必再惧怕通胀。问题是政府一定要兑现承诺，同时，还得把通胀控制在适度范围内。通胀虽非洪水猛兽，而一旦成为脱缰野马必危及经济的健康。

关于适度通胀，我曾写过多篇文章，中心意思是，通胀不能高过 GDP 或财政收入的增长。而且也说过，通胀只可能由央行推动，归根到底是多发钞票的结果，所以控制通胀只能收紧银根，而不能直接打压价格。写到这里，我想到了今天的房地产限购。据说，政府限购房地产是因为房价过高，而我的疑问是，房地产作为大宗消费品，长期限购何以扩大消费？

市场经济奉行买卖自由，可以肯定，限购绝非上选之策。事实上，限购也不是稳定房价的唯一办法。当下学界就有不少人建议，为防止过度投机对房产交易征重税，我认为这与"限购"殊途同归，也可稳定房价。何况扩大消费已上升为国家战略，政府的政策安排理应服从这个战略才是。既如此，抑制房价我们何不另辟蹊径？没必要一条道走到黑吧！

"经济下限"怎样守

近段时间大家都很关心中国经济的走向，众说纷纭；而前不久官方发布经济数据：一季度 GDP 增长 7.7%，二季度为 7.5%，上半年平均 7.6%。从数据看增速不算低，也在政府设定的预期内。可奇怪的是，时下不少人认为中国经济有可能硬着陆，甚至有人幸灾乐祸，断言中国经济将从此风光不再。

这到底是怎么回事？这些天不断有朋友问我的看法。其实我早说过，我对中国经济一向看好。虽然对林毅夫先生关于中国会继续保持 20 年 8% 以上高增长的判断有保留，但也绝不悲观，认为 10 年内平均增长 7% 无悬念。而此次经济回落原因不外有二：一是欧美经济不济致中国出口萎缩，外需不振得扩内需，可这涉及结构调整，非一日之功短期难以奏效。

另一原因，是国内政策转向。看得出，今天政府高层已无意追求过高的 GDP。前年年初中央就提出"稳增长"。何谓"稳增长"？稳增长不是不增长而是无需过高的增长。目标变了，手段当然要跟着变。于是货币政策从宽松转向了稳健（前年曾 6 次调高存准率、4 次加息），同时企业最低工资也提高了 20%，加上房地产限购，地方财政收入也相应减少。这些举措，当然会直接、间接地抑制经济增长。

由此见，本次经济回落不足为虑，是政府调控的结果。最近李克强总理多次讲，只要增长与就业不滑出下限（GDP 增长 7.5% 或新增就业 900 万），物价涨幅不超出上限（3.5%），政府不会大规模刺激经济。弦外之音，我体会实际是说若经济一旦滑出下限政府就会出手。你想想，所有政策工具皆在政府手里，政府若想扶盘岂不易过借火？

正因如此，所以我认为中国经济不会硬着陆。前不久巴克莱银行危言耸听，说中国未来经济增长会降至 3%，从网上看到的消息，不清楚做此判断的凭据为何。好在这些年"唱衰中国"的言论听得多，已见怪不怪。想想 1998 年吧，当时就有海外机构说中国经济会破五，结果我们却增长了 7.8%；2009 年又有人说中国保不住 7%，可当年增长了 8.7%。可见，中国的事外人未必懂，我们无需太在意，更不必如临大敌。

话虽这么说，不过防患于未然，对守"下限"我们也不可掉以轻心。也许有人问，政府为何一定要守"下限"？我的回答，守"下限"当然是为了守就业。经济学有个奥肯法则，说一国经济增长与失业呈反比关系。美国的经验比值是 1：2.5，即失业率要降低 1%，经济就得增长 2.5%。中国国情有别，是否也是 1：2.5 我不确定。但可以确定的是，中国经济下滑照样会增多失业，故为就业计我们必须守住"下限"。

是的，"下限"应该守也必须守，而眼前的难题是要弄清怎样守？最近媒体正在热议"克强经济学"，认为此乃应对经济下滑的良策。可遗憾的是，迄今人们对何为"克强经济学"的解读却并不一致，我看到的比较权威的解释是：1.政府不刺激经济；2.去杠杆化；3.结构性改革。不错，这确实是本届政府的新手法，但能否这样解读应慎重。不知李总理本人怎么看，至少"政府不刺激经济"我认为不能太绝对，否则容易作茧自缚，日后会很被动。

放眼看，今天世界上还没有任何一个国家政府表态不刺激经济，就连市场化很高的美国，房贷危机后也照样救市。中国怎可能例外呢？所以政府不刺激经济只能是相对的，也是有条件的；经济一旦滑出"下限"，政府该出手还得出手。现在要研究的，是政府应怎样刺激经济才对。目前学界普遍主张借鉴供给学派而摒弃凯恩斯——侧重供给管理而非需求管理。政府改善供给管理是对的，我同意，但将供给学派与凯恩斯对立起来我不苟同。

事实上，无论供给学派还是凯恩斯主义，皆不过是治病的药方。供给学派主张减税刺激投资，而凯恩斯则主张通过扩张性政策扩大消费与投资（凯恩斯也赞成减税）。这样看，两者并非冰火不容。就像中药与西药各有功用，只要对症下药皆可治病。经济学亦如是。比如经济未滑出"下限"政府可用"供给学派"，但若一旦滑出"下限"恐怕就得用凯恩斯的办法。

下面是我对守"下限"的几点思考，且将供给学派与凯恩斯熔于一炉，让我分点说：

第一，未来十年中国要保持 7% 的经济增速，在增加出口的同时，主要应立足于扩大内需。要知道，中国已跃升为全球第二大经济体，今非昔比，不能再指望欧美国家会继续敞开怀抱接纳中国的出口，对此我们务必清醒。

第二，为了扩大投资，积极财政政策可维持不变，但重点要调整。具体讲就是政府要少发国债多减税。发债支持政府投资是积极财政政策，减税支持企业投资也是积极财政政策，而我们的就业 75% 在企业，对就业来讲减税比发债更有效。

第三，为了扩大消费，当务之急是要建立扩大消费的长效机制。有两个重点：一是维持适度通胀。消费者买涨不买跌，适度通胀可刺激消费，但应将 CPI 控制在 4% 以内，不可太高。二是稳步增加居民收入。要点是，居民收入增长既要与 GDP 增长挂钩也要与 CPI 挂钩。至于如何操作我在多篇文章讲过，这里就不再重复了。

货币与价格

谁是通胀的推手

为何要谴责中间商

汽车限购能走多远

稳定房价才是上策

商品房无需限购

谁是通胀的推手

　　先声明，我做此文并非秋后算账，更无意主张追究谁的责任。本文的重点，是要对通胀的发生机理做分析。最近消费物价连续三个月下行，人心趋稳，这时候讨论通胀恰逢其时，若能把通胀的真实原因弄清楚，正本清源，不仅可校正视听，还可避免当下某些错误观点以讹传讹再误导政府今后的决策。

　　中国近两年的通胀，据有关专家称是由农产品涨价推动的，其理由言之凿凿：一是农产品涨价先于工业品涨价，二是农产品的价格涨幅也明显高于工业品。不否认，以上说的皆是事实，而且也有数据支持；然而尽管如此，但却不能证明通胀就是由农产品涨价推动的判断。在我看来，这些"事实"不过是通胀的表现而非原因，就像人感冒了会咳嗽，但咳嗽并不是感冒的原因，不可倒果为因，混为一谈。

　　我曾多次说过，通胀只可能由需求拉动。可今天人们为何仍然相信农产品涨价能推动通胀呢？我想，这恐怕与教科书讲"成本可推动通胀"有关。是的，农业作为上游产业，农产品涨价会推高工业产品的成本，成本增加，工业品也势必涨价。价格普涨，于是货币贬值，通胀就出现了。骤然听，这分析似乎有道理，但细想却未必对。其实，讨论价格决定有两个分析框架：一是成本决定价格，二是需求决定价格。

举个例子。某食品加工企业生产月饼，如果农产品（月饼原料）涨价，生产月饼的成本会增加，生产成本增加后月饼会否涨价呢？经济学的回答，若月饼供不应求价格当然会涨，因为供应短缺，价格涨了也有人买；反之若月饼供过于求，成本增加价格却涨不了。想想看，月饼本来就过剩，若再涨价你卖给谁？有个大家熟知的现象，每年中秋节后月饼会立即大减价，为什么？是成本下降了么？不是。月饼的成本没变，是需求减少了。

由此可见，如若商品过剩，价格是由需求定而不由成本定，也正是在这个意义上，所以弗里德曼讲"通胀始终是货币现象"。这是说，如果一个国家经济过剩，而这个国家又如果同时发生了通胀，那么唯一的可能就是央行多发了钞票，舍此不会有别的原因。换句话讲，只要央行能管住货币发行，不仅成本不可能推动通胀，物价结构性上涨也不可能演变为通胀。

让我用个简化的例子解释吧。假定一个国家一年只生产两种产品：一吨大米与一台冰箱，一吨大米价格为 2000 元；一台冰箱价格为 1000 元。而该国央行当年投放的货币也正好是 3000 元，这样总供给等于总需求，通胀当然不会有。即使物价出现结构性上涨，比如一吨大米从 2000 元涨到了 2500 元，通胀也无以发生。因为受货币供应（3000 元）约束，一吨大米涨 500 元，冰箱就得降 500 元，否则冰箱不降价就只能压库。

可现在奇怪的事情发生了，一吨大米涨价 500 元，而冰箱的价格却不降反升，也涨了 200 元。何以会如此？若照前面专家的说法，是农产品（大米）涨价推动了工业品（冰箱）涨价。这说法可信么？不知别人信不信，反正我不会信。怎么可能呢？如果不是央行背后悄悄多发了 700 元的货币，大米涨价后冰箱价格怎会涨得了？所以我的观点，通胀的推手只能是央行，除了央行谁也没有这样的能量。

这样讲绝无指责央行的意思，多发货币，央行往往也有苦衷，是不得已的无奈之举。而我想说的是，不管央行是何理由发多了货币，但都不可移花接木，把通胀归结到农产品涨价上。不然大家都这么说，久而久之政府信以为真就会去打压农产品价格。这样板子打错了地方不仅通胀治不了，到头来还会弄巧成拙，令农产品涨价的压力越来越大。

有前车之鉴。上一轮（2007 年）国内物价上涨，就曾有人说是肉禽产品推动，于是政府便出手限制肉价。其实，当年肉价上涨，是因为国际饲料市场价格上涨后农民不愿养猪，而猪肉供不应求价格才涨，这本不必大惊小怪，只要政府不管，肉价放开，供应多了价格自会回落。可结果呢？由于政府管制了肉价，农民更不肯养猪，致使肉价上涨火上浇油。最后没办法，政府只好一手限价格，一手发补贴，甚至还闹出为母猪上保险的笑话。

无独有偶，另一个例子是粮价。有个问题我之前一直弄不懂，中国 13 亿多人口，18 亿亩耕地，人均一亩多地怎会缺粮食？几年前回老家才知现在耕地撂荒有多严重。当年我在乡下种地时水稻一年种两季（早稻、晚稻），而今天统统改种一季，耕地等于变相撂荒了一半。问原因，乡亲们说粮价太低，种粮不划算。既如此，政府何不放开粮价呢？原来，政府也是担心粮价上涨推动通胀。

写到这里，读者应该明白我为何要反对"农产品推动通胀说"了吧？这些年，只要国内一出现通胀，人们就把原因归罪于农产品，明明是央行闯的祸，但板子每次都打在农民身上，代人受过，对农民实在太不公平。我们天天讲要增加农民收入，可农产品一涨价就大打出手，这岂不是叶公好龙？当然，也许有人说农产品涨价会伤及城市低收入者。不错，低收入者应该照顾，但政府可给他们补贴而不必牺牲农民利益呀。

所以我要大声说：通胀只会由央行推动，"农产品推动说"可以休矣！

为何要谴责中间商

　　去年的消费者价格指数（CPI）平均为 3.3%，而上月的 CPI 为 4.9%。有专家说，本轮通胀又是由农产品涨价引起，于是要求打压农产品价格的声音不绝于耳。而令人不解的是，农产品涨价说明农产品短缺，短缺品为何不能涨价呢？经济学讲，通胀是货币现象，即央行若不过度投放货币，通胀不会有。换言之，只要货币投放适度，仅农产品涨价是断不会推动通胀的。

　　问题是，多年来教科书有个误导，说成本可推动通胀，而且不少人还信以为真。是的，一般说来，价格包含成本，成本升价格就会跟着升。站在厂商立场看这似乎是对的，无懈可击；但这里却隐含着一个前提，那就是该商品供应短缺。若不是这样，商品供大于求，成本升价格也涨不了。因为价格不只由卖方说了算，而要由买卖双方共同定。举个例，某商贩驾车到菜市卖鱼，结果违章被罚了款，于是贩鱼成本随之提高。请问，商贩若将罚款摊进鱼价你会怎样？

　　可能的结果有两个：第一，如果市场鱼供短缺，且只此一家别无分店，那么你没得选，只好接受涨价；第二，如果鱼供充足而且过剩，那么你就会另寻卖家而拒绝加价。于是这就引出了一个重要的经济学原理：当商品短缺时，价格是由卖方定，成本升往往会推高价格；相反若商品过剩，价格则由买方定，成本升价格却不会涨。如此类推，假定将商品分为农产品与工业品两类，农业作为上游产业，农产品涨价会加大工业品成本，那么工业品的价格是否也会涨呢？答案是，工业品若短缺价格会涨；若过剩价格则涨不起来。

由此可见，那种说农产品涨价会推动通胀的观点似是而非，在逻辑上根本站不住。想想吧，当下工业品过剩，消费者怎会出高价买过剩商品呢？而大家都不肯多出钱，价格自然不会普涨，这样通胀也就无从发生。所以我的看法，今天如果中国真有通胀，那么治胀的重点应是紧缩银根而不是去打压农产品价格。否则错开了药方，不仅通胀控不住，农产品还会因为价控更短缺，火上浇油，日后涨价的势头会更猛。

我不赞成打压农产品价格，当然不是说政府就可不作为。农产品是必需品，需求弹性小，而城市低收入者对日益攀升的农产品价格已不堪重负，政府怎能袖手旁观？其实，当下的问题不是政府要不要管，而是怎样管才对？经济学说，涨价一定是源于短缺。既如此那么政府就可用两招，一是抑制需求，二是增加供给。由于消费者对农产品需求有刚性，调控余地不大，所以重点是增加供给，不然供应不增加，靠行政控价只能扬汤止沸，治得了标而治不了本。

就以北京的蔬菜为例吧。年初参加北京市人代会，许多代表对北京的菜价意见大，口诛笔伐。而市府一位官员回应，说北京菜价居高不下是因为中间商加价太多。据称，一斤萝卜从甘肃卖到北京，销地价是产地价的八倍。这样北京市民多付了钱，而甘肃农民却没赚到，利润归了中间商。该官员的言下之意，北京的高菜价似乎是中间商作祟，要降价就得打击中间商的暴利。我不知他想如何打击，而我要说的是，北京的高菜价其实与中间商无关。

并非我要为中间商辩护。的确，北京的高菜价不是中间商的错，归根到底，是咱们北京自己菜供短缺所致。如果菜供充足，中间商怎能把价格加上去？三元一斤的萝卜随便可买，你不会出五元买中间商的萝卜吧！可见，把菜价高的责任推给中间商，不过是转移人们视线而已，对解决问题无益。我敢肯定，假如没有中间商，北京的菜价反而会更高，外地菜农的收入会更低。

何以见得？我的分析是这样。上文说，北京菜价高的根本原因是蔬菜不能自给。我没做专门调查，但听业内人士说北京70%的蔬菜要靠外地供应。若此话当真，那么没有中间商长途贩运，北京菜供就会短缺70%。这么大缺口，菜价会涨到哪里去我不敢想象！说实话，在我看来中间商不仅不是北京高菜价的推手，反而对降低菜价有功。若不是中间商相助，北京市民买菜的开支一定比现在大得多你信不信？

转从菜农的角度看。有人说，北京菜价如此之高，可外地菜农却没赚到多少钱。猛然听，似乎没有中间商菜农就可以多赚点。是这样么？当然不是。恰恰相反，假如没有中间商，蔬菜运不出去，菜农会赚得更少。要知道，中间商长途贩运是在拉动需求，没有这部分需求当地菜价会更低。说我自己的观察。我老家在洞庭湖，是有名的鱼米之乡，可早年农民养鱼总卖不起价。有一年，城里来了很多鱼贩下乡收购，说要把鱼贩到广州，结果令鱼价大涨。虽然鱼贩在广州也许赚得更多，可农民也不觉得吃亏呀！

再说中间商利润。不错，若将中间商与农民比，中间商确有可能比农民赚得多，但赚得多未必就是暴利。事实上，衡量中间商利润要从机会成本看。所谓机会成本，是指做某项选择而放弃其他选择的最高代价。中间商选择贩菜，机会成本就是他放弃做其他事的收益。比如某人打工年收入三万元，而他放弃打工去贩菜，则贩菜的机会成本就是三万元，若他一年贩菜的收入是四万元，那么你认为他得到的还是暴利么？其实，今天很多人不去贩菜，那是因为他的职业比贩菜更赚，请问政府也要去打击么？

最后让我归纳一下本文要点：第一，通胀是货币过度投放的结果，只要管住货币，农产品涨价不可能引发通胀；第二，农产品涨价是因为供给短缺，应对办法是增加供给而非行政限价；第三，中间商与农产品涨价无关，政府断不可对中间商大动干戈。

汽车限购能走多远

经历过计划经济的人，对政府的行政"限购"应该司空见惯，不陌生。记得 1979 年我上大学时，大米、棉布、白糖等还一律凭票（计划凭证）供应，若是有钱没票，商店绝不卖你。可奇怪的是，当时并不见有多少人怨天尤人。想不到，年前北京推出汽车限购令却立即议论四起，有人拍手叫好，有人愤愤不平。近来不断有媒体问我的意见，本不想写文章，但总推脱又却之不恭，思之再三，这里就说说我的看法吧。

说实话，对北京启动汽车限购，起初我并未在意。一是在我看来这仅是地方的土政策，涉及面不宽；二是我本人不等着买车，事不关己也就没多留心。可年初列席海淀区人大会，听到不少代表对"汽车限购"有意见。当然，大家当时针对的还不是汽车"限购"本身，而是认为目前摇号买车的做法不可取。比如一个三口之家已经买了两辆车，而另一家庭一辆车也没买，现在虽可凭身份证摇号，但由于中签率太低，所以觉得对之前没买车的家庭不公平。

后来参加北京市人代会，会上又有人对汽车限购提出质疑，指出市府此举初衷虽好，是想缓解城市的交通压力，但从效果上看，却顾此失彼，会引发一系列负面反应。是的，限购令虽实施仅数月，但某些弊端今天已昭然若揭。有专家估算，此政策若不立即改弦更张，今后北京市的销售收入将每年减少 600 亿元，财政收入每年减少 60 亿元。至于会有多少人失业，未见官方数字，但可以想到的是，随着大批四 S 店关门，原来职工多数要失业，而最终会牵累多少汽车工人下岗，眼下还说不准，也不好推测。

当然，我这样讲并不是指北京不该治堵。自己生活在北京，交通拥堵苦不堪言，要治堵我怎能不赞成？这里要讨论的是，治堵是否非得限购汽车不行？或者说限购是否就是最好的办法？老实讲，我本人对限购并不看好。不否认，汽车限购对治堵有助，至少可减轻日后城市的交通压力，但有两个问题仍解决不了：第一，当下北京早已车饱为患，即使不再增新车还会照堵不误，怎么办？第二，"摇号"购车虽是机会平等，但却不分轻重缓急，某些人急需用车而总也不中签怎么办？

若往深处想，这里其实有两组利益要权衡：一是有车群体与无车群体的利益，二是有车群体与正欲买车群体的利益。经济学讲资源配置，最优状态是大家熟知的帕累托标准，而该标准说，福利配置的最优状态，是指在某种既定的资源配置状态下，任何改变都不可能使至少一个人的状况变好，而不使任何人的状况变坏。从这个角度看，汽车限购固然照顾了无车群体的利益，也照顾了有车群体的利益，但同时却约束了想买车群体的利益。有人欢喜有人愁，显然是算不上最佳的利益配置的。

的确，这是一个两难问题。设想一下，假若政府对购车不加限制，让人们敞开购买又如何呢？想买车的人当然皆大欢喜，但不买车的人就得承受更严重的交通拥堵，会怨声载道。由此看，不论政府限购与否，都势必伤及一些人的利益，说得专业点，都有悖于资源配置的帕累托标准。左右为难，那么政府该怎样处理才对？我的看法，政府其实是不必限购的，或者说限购原本就不是治堵的唯一选择，也不是最优的选择。起码的一点，市场经济主张买卖自由，而政府用行政办法限购算怎么回事？

我能理解政府的苦衷，所以会如此，政府也是迫于无奈，是不得已而为之。不过最近看报纸，有不少人为治堵献计献策。给我印象深的，一是主张对上下班等高峰期的机动车辆收费，二是建议错开上下班时间。应该说，这两个办法皆可取，不过操作起来我认为会有困难。比如高峰期怎么收费？是否要在城里再设收费站？若那样无异火上浇油，交通会更拥堵；若采用电子系统收费，那又得有一笔不菲的投资。至于错开上下班，好是好，车辆能分流，但上下班时间不同，政府运转必将多有不便。

还是说我的观点吧。称不上什么奇思妙想，而且做起来也很简单。依在下看，交通治堵只需一招，那就是大幅提高停车收费。近来与朋友讨论，有人问，北京停车不是早有收费吗？为何交通还拥挤不堪？我的答复，那是因为收费标准不够高。设身处地想，假如你现在开车上班，停车费每小时5元，一天40元，汽油费10元，总共50元；如果打出租需70元，你当然要自己开车。但若停车费每小时从5元提高到15元，一天仅停车费就是120元，请问你今后还会开车上班么？

那次在市人代会上，有代表提到一种情况，说有的政府机关或商厦设有内部停车场，即便提高了收费标准，可人家也未必执行，如有些商场为招徕顾客，停车至今还是免费的。骤然听，这事的确有些不好办，但仔细琢磨解决也不难。我想到的，是对停车场课重税，只要收税够重，"免费停车"肯定持续不了。而且还可一石二鸟：不仅限制人们驾车上班；同时还能用所得税收改善公共交通，在某种意义上，这也是有车群体对无车群体的一种间接补偿。

俗语说，牵牛要牵牛鼻子。是的，北京要治堵，关键在"限用"而不是"限购"。试想，若用车成本大幅提高，人们用车必减少，而用车被约束了，买不买车消费者自会盘算，哪里用得着劳政府大驾亲自去管呢！

稳定房价才是上策

　　写这篇文章有预感，多半会挨骂。当下要求打压房价的声势如此之大，而我却不识时务地主张稳定房价，没人骂才怪！当然，我完全明白为何有人希望打压房价，几年前做客中国网，与采编人员聊天，说到房价，年轻人多数皆赞成政府打压，而唯有一人反对。我问反对者何故，她说她昨天刚贷款买了房。一语道破，原来人们对房价的看法，是取决于他们各自的利益立场。没买房的就希望房价跌，而买了房的却希望房价涨。不信你去做问卷调查，看看那些希望政府打压房价的多数人是不是无房户？

　　五年前我曾撰文说过，反对政府打压房价的有三个火枪手：一是房地产开发商，二是贷款银行，三是地方政府。的确，在房价上这三方利益攸关，一荣俱荣、一损俱损。现在看，除了上面三个利益当事人，还有就是有房户，他们也不会赞成压房价。于是这就带来一个困难，无论政府是否打压房价，都会有人要站出来反对。有人说，为保护中低收入者的利益就应该压房价。这观点貌似对，但太过武断，也未必是所有中低收入者的想法。要知道，目前的有房户并非全是富人，其中不少也是中低收入者，至少中国网那位买房的编辑恐怕就不是富人。

由此看，判断一个时期房价是否过高（有无泡沫），不能从各自的利益出发，不然大家站位不同，自说自话，争论一百年也不会有结果。所以经济学分析问题必须把自己的利益搁置一边，要从规律上看。比如价格，经济学讲，价格高低由供求决定，只要没有非市场力量的干预（强买强卖），价格无论涨跌皆正常，无需大惊小怪。这是说，房价高不高不能由某个人说，房价再高，若市场有需求，商家卖得脱手，旁人就不必非议。至于你买不买得起，那是另一回事，若你买不起就说房价有泡沫，天下没这道理吧？

另有一种观点，说住房不是普通商品，事关民生，所以政府得管制价格。我的看法，不论住房是有多特殊，但只要不是公共品，那它就是一般商品，作为商品，价格决定就不能例外，得服从供求规律。事实上，价格只是反映市场供求的信号，价格上涨，说明某种商品短缺，涨价本身并没错。政府若认为价格高，可以增加供应或抑制需求，断不可限制价格。就像一个人发高烧，退烧的办法是治病而不是去限制温度表，不然你就是把温度表砸了也于事无补。

我不赞成行政限价，再一个理由，就是行政限价会扭曲市场信号。价格是什么？说白了是市场配置资源的信号，它不仅由供求决定，同时也能调节供求。供不应求的商品，价格涨了能刺激供给，抑制需求；可若政府限价不让涨，僧多粥少，结果必是排队抢购或走后门成风。春运期间一张火车票有人愿出 500 元，可铁道部只许卖 300 元，中间 200 元差价是消费者剩余。很多人以为这 200 元能归消费者，若那样想就错了。第一，购票排队要花费时间（成本）；第二，走后门托关系要送礼；第三，前两个途径若买不到票就得高价找黄牛党。而这些除了造成社会浪费就是滋生腐败，普通百姓很难真正受益。

不久前参加一个会议，北京一位很有名的企业家抱怨，说北京人饱为患，交通太拥堵，希望政府控制人口规模；可想不到他同时又指责北京房价太高，员工买不起房而他公司留不住人。北京交通拥堵，人太多当然是原因之一，问题是要减少人口政府该怎么做？是限制一部分外地人进京打工么？可北京不光是北京人的首都，也是全国人民的首都，政府凭啥让张三来而不让李四来呢？其实，高房价本身就是控制人口的办法，若北京的房价不比外地高，北京的人口恐怕比现在会多得多！

回头再说稳定房价。所谓稳定房价，就是要把房价维持在目前的水平上，既不大涨，也不大跌。政府最近出台一系列调控房价的措施，如增加保障性住房的供应，限购二套房等，这些措施试图通过改变供求来调控价格，政府非直接限价，原则上我赞成。我这里要说的是，政府抑制需求应把握好力度，底线是不颠覆人们对未来房价的预期。住房一方面是消费品，同时也是一项资产。经济学讲，资产价格是未来预期收入的贴现。这是说，若人们对房地产的收入预期一旦逆转，房价会立即大跌。

不要以为只有房价高才会有人怨声载道；而若房价大跌，同样也会有人不满。举个例，你用毕生积蓄 100 万元付首期，同时向银行贷款 200 万元买了房子，假如由于政策原因房价跌了一半，这样 300 万元买的房子缩水成 150 万元。遇到这种情况你怎么办？即便你自己的 100 万元打了水漂，房子抵给银行也只值 150 万元，你仍还欠银行 50 万元。一夜之间，从 100 万元变成穷光蛋你能心安理得么？由此再想，你欠银行 50 万元若还不上，其他人也如此，那么最终会否导致房贷危机？

并非我危言耸听，早两年美国就有前车之鉴，所以在打压房价的问题上，我认为应该慎之又慎。其实，政府有个更好的办法，那就是稳定房价。退一步，即便今天房价有泡沫，政府也不必去重手打压，只要房价不再涨，待以时日泡沫会不消自退。可算笔账，若 CPI 每年涨 4%，五年内社会商品共涨价 22%，若房价五年不涨，也就等于房产相对降价了 22%。这样房价下跌而有房者也能接受，两全其美岂不善哉！

商品房无需限购

对时下政府限购商品房，学界褒贬不一，地方官员也颇有微词。不久前国家统计局发布数据，第三季度 GDP 增长 7.4%，明显低于人们的预期，于是不少人把经济放缓的原因归咎于房地产限购，这样说不是没一点道理，作为地方的支柱产业，房地产不济当然经济会受拖累。

这里要讨论的，是政府为何要限购商品房？原因其实路人皆知，政府旨在控房价。前几年房价高企，有人买不起房怨声载道，于是千夫所指，纷纷批评开发商暴利，要求政府打压房价。而开发商回应，由于地价高房价才会高，是地价推高了房价，地价不降房价降不了。所以开发商要求政府首先降地价。

是这样么？我不赞成开发商的观点。曾说过多次，房价与地价之间，绝非地价推高房价，恰恰相反，是房价拉高了地价。倘若市场房价不高，地价不可能高得了。说来简单，开发商不蠢，如果房子卖不起价他们怎会高价去从政府手里买地？君不见，2008 年下半年受美国次贷危机影响国内房价下跌，地价立即下跌，而 2009 年房价回升，地价这才跟着涨起来。

困难就在这里，地价不降开发商房价不降。那么地价有可能降吗？我看很难。两个原因：一是现行财政体制下地方只留存增值税 25%、所得税仅 40%。分税制前，地方财政收入占比是 70%，今天仅为 50%。而地方财政支出占比却从原来的 70% 上升为 85%，这样地方财政自是入不敷出。巧妇难为无米之炊，这样地方政府只好靠卖地弥补。有数据说，土地出让金目前已占到地方本级财收的 69%。

另一原因，是地方政府既然要卖地筹钱，地价当然越高越好。由于市场房价高，地价高开发商也接受，想想看，土地能卖高价政府怎会卖低价？再说现在土地出让都是招拍挂，若开发商愿出高价而地方政府却坚持低价卖，别人会怎么看？是不是会怀疑主事的官员在从中渔利？考虑到这一点，除非真有猫腻，不然地方官员是不敢低价出让土地的。

写到这里，读者应明白国务院为何要对商品房实行限购了。一方面，房价居高不下有人要求政府控房价；另一方面，地方政府不降地价而开发商不肯降房价。没办法，国务院只好下猛药，抑制购房需求。早几年中央政府其实也曾出台政策调房价，如 2005 年颁发"国八条"，2008 年年底又颁发"国十条"，可惜那些措施皆和风细雨，调控作用不大。

经济学说，市场价格由供求决定。是的，商品房涨价，原因无他，一定是供不应求。所以抑制房价无非用两招：一是增加土地供应，让开发商多建房；二是抑制购房需求，让消费者少买房。如何选择？由于政府要守 18 亿亩耕地红线，土地不可能敞开建房。

而短期内房供短缺不改变，那么就只能压需求。这样看，国务院下令限购其实也是无奈之举。

不必怀疑，房屋限购对控价肯定有助，这两年各地房价相继回落是明证。不过对"限购"效果得辩证地看，在抑制房价的同时，它也可能会抑制经济。目前欧美经济疲软，中国出口受阻，经济要保持 7% 的增长必须扩内需（重点是扩消费），而国内居民的大宗消费是购房，购房被限制，对扩消费岂不是作茧自缚？

是棘手的问题。一方面房价要控制；另一方面经济要发展。故当务之急是要另辟蹊径，找到一个两全其美的办法，既能控房价而又不伤害经济。这样的办法有吗？这些日子思来想去，我想到的就是将住房与买房分开处理。所谓"居者有其屋"，是说人人能住房，而非人人能买房。就连今天欧美发达国家，也非人人都是买房住的。

最近看到一份资料，说德国人平均到 42 岁才买房，而法国人买房的只占 59%。美国人高一些，买房的占 70%。可见，发达国家也有不少人租房住。事实上，政府要照顾穷人住房，提供廉租房好了，而不必将房价压低到让人人都买得起。这既不现实，也没必要。顾名思义，商品房就是商品。是商品，价格就得随行就市。退一步讲，即便今天房价降 30%，穷人也未必买得起。

再想多一层。若限购政策不松动，长此房价一旦大跌（比如跌50%），拖累的怕不单是经济，一大批有房户可能会变成无房户。举个例，某家庭买了一套价格 100 万元的房子，自己首付 25 万元，从银行贷款 75 万元。结果房价跌了一半，原来 100 万元的房子现在就值 50 万元，你说这个家庭怎么还贷款？就算净身出门，用房子抵贷款还欠银行 25 万元对不对？

我不主张政府打压房价，当然不是指房价可无限度上涨。对当下政府来讲，我认为上策是稳房价。对此我有专文分析，恕不重复，这里要说的是怎样稳房价。前几天与钦州市委张晓钦书记讨论，他认为可借鉴新加坡的做法，用差别交易税抑制炒房，即买房后持有时间越短，征收交易税就越高。

我觉得此法很妙，妙就妙在鼓励租房限制炒房。设想一下，假如交易税这样设计，凡买房后当年卖出的，交易税征收其差价的 95%；第二年卖出的征收 85%；第三年卖出的征收 75%；第四年卖出的征收 65%……如此一来，将来还会有人对炒房乐此不疲么？就算急病投医，政府不妨用这个办法试试。

企业改革与治理

▲

国企改革该怎样推进

企业岂能一关了之

银行为何嫌贫爱富

企业接待费与潜规则

关于"家电骗补"问题

分类改革的框架性思路

▲

国企改革该怎样推进

学界有关国企改革的讨论我十年未跟进，不是不关心，而是在我看来党的十五届四中全会《决定》对国企改革已说得够清楚，料定不会再有人讲出什么我不知道的新话。是的，国企改革到今天，重点已经不是怎么说，而是怎样抓落实。我写这篇文章，目的不在标新立异，而是想就目前大家争论的问题谈点看法。一家之言，不一定对，读者姑妄听之吧。

首先要说的，是近来学界批评的所谓"国进民退"，千夫所指，认为是改革"回潮"。不隐瞒我的观点，这批评本人不苟同。改革开放以来，国企不仅已完成改制，而且也从某些一般竞争性领域陆续退出，摆着的事实有目共睹，我们不能视而不见吧！20世纪90年代，大大小小国企近30万家，到今天央企仅170家，省属国企虽有但为数不多，而地市以下国企更是凤毛麟角。国企数量不断减少，"国进民退"从何说起呢？

人们有此看法，当然不是空穴来风。所谓"国进民退"，据我揣测，大概是指某些行业国企集中过多；或是规模大大排斥了中小企业竞争，也就是人们通常所说的"垄断"。不错，国企目前的确是集中在国家安全、自然资源与公共产品等三大领域。而所以如此，这是由国企性质与定位决定的。国家安全与公共产品，民企不提供当然得由国企提供；而现在大家争论的焦点是，自然资源领域是否也应让民间资本进入。

至于国企规模过大，这批评也是毫无道理。不要说国企，难道民企不一样？不希望自己做大做强？由此看，企业"大"本身不是问题，垄断也不是问题，世上哪家企业不想垄断一片市场呢？不过话说回来，垄断与垄断有所不同，有的是靠专利技术垄断，有的是靠营销策略垄断，有的则是靠行政权力垄断。经济学讲反垄断，并不等于反"大"，也不是一般性地反垄断，而所要反对的只是行政垄断。

以煤炭业为例。前两年山西推动煤企整合，报纸一度炒得沸沸扬扬，很多人指责是典型的"国进民退"。我曾专程到山西调研过，不怕人拍砖，说实话，政府此举我认为无可厚非。想想吧，小煤窑遍地开花而矿难频频，人命关天政府能坐视不管么？在外人看，山西整合煤企确实是国企兼并民企，但事实上，政府的本意并非要"国进民退"，不过是想用装备先进的企业兼并落后企业而已。

其实，我历来是不赞成搞行政准入限制的。不光是资源产业，其他如电信、金融、保险等我认为也应一律放开。当然，这并不是说政府不需要定规则，规则要定，但只能就生态、环保、技术等方面立标准，不可搞所有制歧视，只要达到标准，企业无论姓公姓私皆可进入。就像高考，人人可以考北大，不管你家庭背景如何，英雄不问出身，上了线就可录取，否则你家再有钱也与北大无缘。

对国企的另一种批评，是关于"高管的薪酬"。目前国企高管薪酬虽有高有低，但整体偏高恐怕是事实。于是人们要问：高管的薪酬是否与他们的贡献相匹配？是的，薪酬是应与企业业绩挂钩的。然而困难在于，国企的业绩不仅与高管的贡献有关，同时也与政府的政策支持有关。两者很难分开，这样高管的贡献无从界定，而其薪酬是否偏高也就说不清了。

说不清归说不清，不过薪酬与贡献明显不符的例子还是有。说我知道的，有位朋友原来在政府任职工资一年不过几万，但调进国企做高管，摇身一变则年薪百万，这能说是与他的贡献有关么？说过多次，我并不嫉妒别人高薪，而我不赞成的是现在这种董事会决定薪酬的机制。经济学有个"分粥原理"，说的是粥可以由你去分，但为了公平必须让别人先取，最后一碗归你。同理，如果一定要由董事会定薪酬，可以；但董事或高管的职位就得拿出来竞争，不然高管自己给自己定工资绝对不合适。

第三个问题，是公司的治理结构。是老话题了，前些天参加党校国企班学员座谈，想不到今天还有争议。有两个焦点：一是董事长与总经理的矛盾怎样化解？二是党组织在公司内部的功能如何定位？关于第一点，公司法其实说得很明白，董事会是受股东会委托代行所有者职权，而总经理是通过董事会授权来行使经营权。这样看，董事长与总经理各司其职，不该有矛盾。可现在的问题是，总经理并不由董事会聘任而是由国资委选派，无授权关系，总经理怎会听命于董事长呢？

　　由此分析，化解董事长与总经理的矛盾并不难，只需一招，即国资委后退半步，不再直接选派总经理，而让董事会去聘，这样总经理要对董事会负责，彼此就不会再有纠纷。倒是国企党组织的定位要难一些，外国没有，是中国特色。我的想法，是让企业党组织行使监事会的职能。理由是，国企没有真正意义的股东会，董事会可以监督总经理，可谁来监督董事会呢？当然，外部有国资委监督，可那毕竟是在外部，若内部再有党组织监督，双管齐下岂非善哉！

企业岂能一关了之

中石化傅成玉先生两会期间接受记者采访，语出惊人，他说：企业不能伤害人民，不要讲成本，活不了就关掉。作为企业家，做这样的表态实属不易，理当受到尊敬。不过尊敬归尊敬，但我认为傅先生对企业排污问题的看法有些简单化了。不是否定他，而是觉得这个问题应从更深的层面来考虑。

首先，说企业不能伤害人民是对的，我同意。比如有些企业制假贩假草菅人命，为富不仁当然该关闭。然而据我所知，时下企业界这类害群之马虽然有，但为数并不多。多数情况，是企业在生产有用商品时也伴生副产品，这些副产品会伤及人的健康。火电是典型的例子，恐怕今天我们谁也离不开电，可人们在享用火电的同时，也承受着废气污染，请问火电厂是否该关闭？

也许你会回答，要看企业如何处理废气，处理得好不必关，否则就该关。听来是这个理，不过想多一层，这就带来了我要说的第二个问题，企业成本。众所周知，处理废气非空手套狼，要花钱买技术设备，如此企业成本必增加。麻烦在于，成本高了有的企业能消化而有的企业消化不了怎么办？对此傅先生的观点是企业不要讲成本。怎么可能呢？你中石化是大国企，财大气粗可以不讲成本，中小企业不讲成本怎么活？

于是傅先生说："活不了就关掉。"要是真能这样就好了，一了百了，不会再有污染。可不知傅先生是否想过这样做的后果，投资者要蚀本是肯定的，另外电厂关闭电供会短缺；而电供短缺必拉高电价；电价上涨或拉闸限电下游企业可能会停产；企业停产必增加失业。可见，关闭企业也有代价，同样会伤及无辜。

这样说并非是为企业开脱，其实跟大家一样，我也看重健康，也希望空气清新。然而古来事难全，两害相较，我们应去寻求更有效的办法而不是将企业一关了之。一个基本事实是，中国尚处在工业化中期，搞工业总难免有程度不同的污染，若一刀切，有污染就关闭，那不被关的企业能剩多少呢？这确实是两难：一方面环境要保护；另一方面工业要发展，鱼与熊掌何以得兼？

还是看经济学怎么说吧。企业排污在经济学里被称之为"负外部性"。传统观点认为，但凡有负外部性的地方市场便失灵，政府得出面干预。怎么干预？有两个办法：一是关闭企业，二是强性征税补偿受害者。过去学界对此一直深信不疑。而到了20世纪60年代科斯发表那篇《论社会成本问题》的文章，可谓石破天惊，一举改变了人们的看法。科斯说，即便有负外部性也无需政府干预，政府唯一要做的就是明晰产权。

是这样吗？我认为是。不过关于明晰产权我这里需做点解释。科斯的大文已发表半个世纪，想不到今天还有人望文生义，以为"明晰产权"就是私有化。其实这是对科斯的误读。科斯讲"明晰产权"并非私有化，而是指由谁承担社会成本。所谓社会成本，是指与私人成本对应的另一种成本。经济学说，发生在企业内部且由企业承担的成本（如原材料、工资、折旧等）为私人成本，而社会成本则是发生在企业外部（如排污的损害或治污）的成本。外部的社会成本怎么分担，在科斯看来是产权界定问题。

可见，科斯强调的明晰产权，与公有私有无关，而是界定社会成本的承担主体是谁。这问题与企业排污有关么？当然有。比如，若将社会成本界定由企业承担，企业就没有排污权，如此企业就不得有污染。反之，若社会成本界定不由企业承担，企业便有排污权，环境问题企业就不必管。当然不是说环境可以被污染，环境还是要保护，所不同的是，保护环境的成本不由企业承担而由社会（政府）承担。

最近与朋友讨论，有人说：既然是企业损害了环境，那么直接规定由企业承担治污成本好了，何须再界定什么产权呢？人们这样想可以理解，可世上的事还真没这么简单。这样说吧，要是强令治污皆由企业承担，当初蒸汽机发明后恐怕很难应用于工业，欧洲工业革命也可能搞不起来。说近点，假如新中国成立初期我们就规定企业必须自己治污，中国的工业绝不会有今天的基础你信不信？

另有行内朋友问：科斯当年不是说"只要产权清晰，产权界定给谁不重要"吗？可为何我们现在还来大谈产权归属？是的，科斯的确那样讲过，但要指出的是，科斯讲那番话有个前提，那就是交易费用为零。反过来，若交易费用不为零，产权归属就不是不重要而是非常重要了。这是说，一旦有交易费用，产权归属就得按交易费用定，不然社会摩擦与麻烦会不断。生活中这样的例子很多：如行人在机动车道被撞，按说汽车司机没有责任，可交通法却不对汽车司机免责为什么？理由是那样做交通事故会大增，交易费用会奇高。

回头让我再说企业。同理，排污虽是企业所为，但考虑到交易费用，社会成本的分担我认为也不能一概而论。大致可分三种情况：第一，若企业所在的行业是产能过剩的产业，让企业承担社会成本当然没问题，因为即使这类企业倒闭了也无伤大局，交易成本不会高；第二，若企业属于支柱产业且产能短缺，由于这类企业经济带动力强，政府不可袖手旁观，为减少污染至少应部分地补贴企业技改；第三，若企业属高新技术产业，这类企业事关国家的核心竞争力，其社会成本应全部由政府承担。

以上仅是我个人的看法，也算是对傅成玉先生的一点补充。以文会友，对或不对还望读者不吝赐教。

银行为何嫌贫爱富

中小企业贷款难问题由来已久，学界讨论了十多年，出主意的不少，但管用的却不多。想当年，学界建议四大国有银行内设中小企业信贷部，结果呢？机构倒是成立了，可贷款难却并未解决。后来又成立了中小（股份制）银行，本指望中小银行会服务于中小企业，不成想中小企业的贷款还是无人问津。姥姥不疼舅舅不爱，中小企业难道真的是告贷无门？

我想不应该是这样。银行不给中小企业贷款，就银行来说其实也有难言之隐。有人指责是银行嫌贫爱富。这虽然是实话，但实话未必在实理。想深一层，世上哪有银行不嫌贫爱富的呢？银行不是慈善机构，它不仅要盈利，而且还得考虑存款人的资金安全，在商言商，不嫌贫爱富行吗？换位思考一下，假如你是银行行长，有两个企业要贷款：一个家大业大而另一个本小利小，你会把钱借给谁？是不是也会优先贷给大企业？

是的，但凡银行皆会嫌贫爱富，这是银行的本性，你满可以指责银行，但银行的本性却改变不了，改变了就不是银行，至少不是真正的商业银行（而可能是政策性银行）了。难题也就在这里，一方面，我们没法让银行不嫌贫爱富；另一方面又要让中小企业从银行那里得到贷款，你认为该怎么做？可以肯定，要解决此难题仅有政府重视不够，学界口诛笔伐也没用，关键是要有办法让银行给中小企业贷款既感到安全又能赚钱才行。

当下学界有个流行的看法，以为大银行不给中小企业贷款是大银行财大气粗眼中无中小企业，于是认为发展中小银行问题就可迎刃而解。这看法很有代表性，比如针对农民贷款难，又有人建议应大力发展村镇银行，认为村镇银行就一定会给农民贷款。事实上，这些看法纯属闭门造车，是想当然。这些年，中小银行显然只对大企业情有独钟，而农村金融机构呢，以农信社为例，作为农民的合作金融组织本应为农民排忧解难，可农信社的资金却不少流向了城区。

所以我还是那句话，银行就是银行，不要指望银行能发善心，也不要以为中小银行就理所当然会给中小企业贷款。经济学推断行为，永远要从约束条件下利益最大化那方面看。这是说，银行不论大小，它放不放贷或是放贷给谁，考虑的都是给定约束下的自身利益最大化，而不是企业大小，也不是其他。若贷款给中小企业收益比贷款给大企业高，收贷也安全，银行怎可能有钱不赚呢！

说起来，银行要追求收益最大化无可厚非。银行本来就是自负盈亏的企业，既然自负盈亏，它当然要考虑贷款的收益。再说银行谁不想做大做强？今天的中小银行不会永远安于做小，也希望日后能成为大银行，而要由小做大，不看重收入怎么行？至于银行为何要关注贷款安全，道理也简单，因为银行的贷款用的是储户的存款，银行放贷风险越小，储户才会越放心，这样银行的吸储能力才会越强。

举例说吧，假如你是储户，你把钱存入银行最起码的要求是什么？除了取得利息收入，是不是还希望能保证你的存款安全？若银行不做承诺或是你对银行没信心，你敢把钱存进银行么？正因如此，所以银行要保证储户存款安全就得注重贷款安全，不然贷款放出去收不回，储户哪有安全可言？这样看，银行嫌贫爱富不光是为自己，同时也是为储户，既如此，银行怎能受到公众指责呢？

如果银行不该受指责，那么中小企业贷款怎么解决？眼前困难在两方面，一是相比大企业中小企业贷款额度小，可对银行来说，贷款 1000 万元与贷款 100 万元的审贷手续完全一样，成本也差不多，故银行往往乐于做大贷款而不愿做小贷款；二是中小企业由于规模小，可抵押资产不多，有的甚至就没资产可抵押。空手套狼，银行当然不肯贷。几年前我在大庆油田调研时一位负责人告诉我，银行整天追着他们要给贷款，为什么？因为给大庆油田贷款没风险。

困难明摆着，显然，中小企业要想从银行得到贷款必须满足两个条件：第一，让银行做小额贷款与做大额贷款的成本收益率相等。前面说了，银行一次放贷 1000 万与放贷 100 万的审贷成本大体相若，这样放大额贷款的成本收益率就要明显高于放小额贷款的，所以要让银行肯为中小企业贷款，唯有提高小额贷款的收益率，舍此无他。说得更直白些，就是要给银行自主权，允许银行相应提高中小企业贷款的利率。

也许会有人觉得这样对中小企业不公平，其实这与公平与否没关系。利息是什么？著名经济学家费雪说，利息是不耐的代价。意思是说你越急着借钱，所付的代价（利息）就应越高。而我的观点，只要银行给出的利率中小企业能接受，是你情我愿，旁人（包括央行）就大可不必说三道四。不然把利率控死了，小企业从银行借不来钱，被逼无奈就会去非法集资，那样利率可能会更高。

第二个条件是财产抵押。很多中小企业处在创业起步期，急需贷款而又无财产抵押，这确实是令人头痛的问题。近些日子思来想去，我感到关键还得有担保机构。前些年为帮助中小企业贷款，不少地方政府出资成立过担保公司，可由于赚的少赔的多，目前这些公司大多名存实亡。不过我还是坚持自己之前的观点，中小企业吸纳了大量就业，而扩大就业是政府的职责，从这个角度看，为中小企业提供担保其实具有公共服务的性质，既如此政府对担保机构就不该以利润论成败。

企业接待费与潜规则

不久前媒体曝出中铁建去年接待费超 8 亿元的消息，网上一片哗然。有企业负责人回应，说接待费高属建筑业普遍现象，是企业遭遇到了潜规则，希望媒体莫穷追猛打。此事我未做调查当然不好妄加评论。本文要说的，是关于"接待费与潜规则"，且只从经济学角度谈，就事论理，不涉及具体的企业。

我不知民企的接待费高不高，人家花自己的钱请客，这方面数据不容易找，要是能找到估计也不会低。这里要追问的是，时下企业接待费为何会普遍高？对这个问题的思考，我认为借鉴经济学关于"交易费用"的分析可能有助。经济学说，交易费用是为达成某项交易（如谈判、协调、签约等）所发生的费用。显然，接待费正是交易费用。若能弄清交易费用如何决定，上面的问题也就有了答案。

"交易费用"最初由科斯提出。20 世纪 20 年代，欧洲曾发生过一场关于计划与市场的论战。起因是米塞斯的那篇《论社会主义计算经济》的文章，其主要观点是否定计划。1937 年，科斯发表《企业的性质》一文指出，市场与计划并非冰火不容，市场有市场的用处，计划有计划的用处。比如从企业角度看，企业外部的资源配置是市场，而内部的资源配置是计划。若计划一无是处，我们怎能解释企业的存在呢？

于是科斯进一步指出，资源配置方式做何选择，关键在交易费用。这是说，若计划配置的交易费用高就用市场配置，若市场配置的交易费用高就用计划配置。应该说，科斯的观点是对的。不过，这是把交易费用当自变量看，假若我们换个角度，即把资源配置方式当自变量，就会发现交易费用也同时决定于资源配置方式，资源配置方式不同，交易费用也不同。

让我举例说吧。先看住房。20年前，国内的住房还是计划配置。那时候分房有多麻烦今天的年轻人怕是想不到。不要说分谁不分谁难平衡，就连不同的楼层也争得不可开交。为了分到房或者分到满意的房，人们四处托关系、走门子，交易费用奇高。如我所知的一家单位，建房仅用一年，可由于分房方案定不了，结果两年也没分。后来改分房为买房，仅此一招原来的麻烦则迎刃而解，交易费用也随之大降。

另一个例子是救灾品。与住房刚好相反，救灾品通常都是计划配置，无论前几年的汶川地震，还是最近的雅安地震，救灾品配置皆如此。那么救灾品为何不由市场配置？因为与计划配置相比，市场配置的交易成本反而更高。比如地震灾害发生后，由于物品匮乏，若此时由市场配置，供货商必哄抬物价；而很多灾民就可能得不到补养。然而在这种生死关头谁会坐以待毙？于是难免会有人去偷去抢。而政府为了稳定秩序，交易费用绝不会低。

这确实是一个新角度。若从此角度看接待费，接待费其实与交易费用一样，高低也与资源配置方式有关。比如以建筑业为例，工程若由市场配置接待费会相对低，反之就会高。请注意，我这里所说的市场配置有两个前提：一是工程承建方与发包方应皆为市场主体，二是双方主事人的利益应与其代表的机构利益相一致。若这两个前提皆具备，即工程为市场配置，否则就不是真正的市场配置了。

依照这样的界定，那么显然，建筑工程若由市场配置接待费不会高。对此我的分析是这样：设想一下，假如张三家要建别墅，而某建筑公司欲接此工程，你认为张三会不会让建筑公司请客？应该不会。因为张三看重的是对方的施工资质，若资质不够，建筑公司天天请客张三也不会把工程给他。若再设想一下，建筑公司不是给张三建私家别墅而是给他所在单位建办公楼，张三会不会让对方请客？极有可能会。因为单位盖楼是公家的事，而接受吃请或礼品是他个人得利。

若说得再明确些，上面建筑公司承建张三家别墅是市场配置，而承建办公楼却不是。尽管建办公楼也通过招标，但由于政府不是市场主体，而主事的官员又有个人私利，招标中会难免有这样那样的猫腻。这样说绝非我凭空臆断，前几年高铁工程招标中的腐败便是明证。一叶知秋，所以我推定，除非工程发包方不是政府，不然工程很难真正由市场配置。

不是吗？想想时下企业为何总抱怨遭遇到了潜规则？虽未明说潜规则为何，但我想无非是指不请客送礼政府工程不容易接到。

既如此，那我们何不大手压缩政府工程呢？是的，扬汤止沸不如釜底抽薪，而且我多次说过，现在很多政府工程如铁路、公路、机场等原本就用不着政府投资，它们虽是基础设施但本身也是营利性的项目，只要政府肯放手，民间资本肯定愿意投。而要是政府手里没了工程，企业怎会再给官员请客送礼呢？

一招见效，此办法不知决策层可否考虑！

关于"家电骗补"问题

我曾多次表达过对补贴家电下乡的意见，当然不是反对政府给农民补贴，而是对补贴方式有异议。这几年媒体时有披露有人钻"家电下乡"空子骗取国家补贴，听来令人咋舌；但细想其实也在意料之中。近来学界正在热议如何防范家电骗补，亡羊补牢，做这样的讨论当然有必要，不过实话说我看到的建议大多隔靴搔痒，管不了大用。这里谈谈我的看法吧。

2009 年春节前的某一天，有位领导打电话问我：中国 8 亿农民的消费热点是什么？这么大的问题，毫无准备我不好贸然答。于是反问他为何提这个问题？他说，国务院意欲扩大农民消费，需找到农民的消费热点。事关国家的政策，我岂敢妄加猜测？所以只好说"不知道"。那位领导当时一定很失望。说来也是，自己农民出身，又研究经济数十年居然不知农民的消费热点。

不知为不知，倒也没什么，而且我觉得这样总比不懂装懂、信口开河好。刚好过几天就是春节，利用这个机会我回湖南老家走访了一些街坊邻居。不访不知道，一访吓一跳。原来我走访的四十多户人家要花钱的地方各不相同，有的说要盖房子，有的说要供孩子上学，有的说要替老人医病，当然也有说要买家电的，但为数并不多。我忽然意识到，一个村无消费热点，8亿农民怎会有消费热点呢？

等我回到北京，就听说有关部门通过调研已得出结论，8亿农民消费热点是家电，而且政府补贴家电下乡的政策也很快就出台了。我不怀疑决策层当初确实做过调研，利益攸关，不可能会去拍脑袋。但至今我不清楚有关部门是如何做的调研，现在看，说家电是农民消费热点的判断似乎草率了些。

2009年4月，我先后赴福建、江西、湖南、广西等地调研，一路与农民交谈，对家电下乡你道农民怎么看？农民说：家电下乡让人很为难，家电有政府对农民的补贴，不买好像吃了亏；买吧，可家里冰箱、彩电、洗衣机样样有，买多了也是浪费。而偏远山区的农民说家里倒是缺家电，可村里没通电，买回去用不上，只能做摆设。你听听，谁说农民最需要家电呢？

我本人对补贴家电下乡有两点质疑：

首先，补贴家电下乡是否就是补贴农民？我的观点，政府主观上是想补农民，但客观上补的却是家电企业。是的，由于政府有补贴，家电企业卖给农民的产品价格的确低一些，但据我所知，近几年下乡的"家电"大多都是积压产品，产品卖不出去，政府给不给补贴这些产品迟早得降价。所以从这个角度看，政府补贴家电下乡，其实是帮家电企业销售产品而非补农民。

其次，补贴农民是否一定要补家电下乡？不否认，目前的确是有农户需要买家电，但这未必是多数农民的需求。事实上，农民想买的东西除了家电还有很多，如建材、服装、家具等，可为何政府单补家电而不补其他呢？问题是，政府补贴花的是纳税人的钱，补谁不补谁应尽量公平，单补家电不仅不利于平等竞争，也不利于调结构。何况家电业本已产能过剩，再补家电无疑是火上浇油！

正因为这两点，所以我不赞成补家电。已说过多次，政府希望拉动农民消费是对的，补贴农民消费也没错。但有个观点我始终坚持，就是补农民不该绕弯子，应直接给农民补贴。比如政府打算给农民每人补 300 元，那么一个五口之家就直接给一张1500 元的购物卡好了，只要言明购物卡的有效期，农民一定会在有效期内把钱用完，而且还都用在自己的消费热点上。

是的，与其政府劳心费神地寻找农民消费热点，倒不如发钱给农民，让农民到市场自主消费。如此不仅政府省心，农民也满意，两全其美何乐而不为呢？多年来政府似乎有个习惯，总觉得自己无所不能，热衷于替企业或消费者做主，越俎代庖，这样结果却往往事与愿违，费力不讨好。这方面例子很多，用行政手段调结构如是，补贴家电下乡也如是。

写到这里我突发奇想。以补贴家电下乡为例，难道我们政府有关部门的司局长真的想不出比"补贴家电下乡"更好的法子补贴农民？不应该呀！我知道的，现在政府部门的司局长头上多数都有"硕士、博士"衔，怎可能不懂"实物补贴"不如"货币补贴"有效的道理？若懂得这道理，可为何坚持补家电而不直接给农民货币补贴呢？莫非背后另有隐情？

　　回头再说"家电骗补"。这些日子不断有人支招，教政府如何防止骗补。不能说这些招数一点用没有，若政府继续补贴家电下乡，能堵住某些漏洞是肯定的，不过也就仅此而已，骗补的事不可能完全绝迹。我的观点，要想杜绝家电骗补，唯有取消家电补贴而直接给农民货币补贴，舍此我不认为会有更好的办法！

分类改革的框架性思路

前不久有媒体披露，国家版的国企改革总体方案有望年内出台，是好消息，令人期待。然而最近又有传言说，由于改革涉及的面广人多，存在多方利益博弈，要达成共识会需更多一些时间。不知哪一种说法可信，但能确定的是，国资委手里已经有了一套总体改革方案。

方案未出台，具体内容还不得而知。不过从中国医药、中国建材、新兴际华等六家央企的改革试点看，重头戏是"员工持股"与"混合所有制"。由此推测，"混合所有制"应是总方案的亮点之一，当然也就是"之一"而已，作为总体方案当然还会有更多亮点。再说，国企横跨领域如此之广，情况千差万别，改革怎会只用一个模式？若猜得不错，总体方案应当是一个分类改革的方案。

是的，国企改革不能一刀切，应分类推进，对此学界没有分歧。而难题在于，国企到底该如何分类？分类后又将如何改革？现行的分类方法比较多，有的是按出资主体分（如央企与地方国企），有的是按行业分（如制造业与能源业等）。但从改革角度，我认为应按"功能"分。政府之所以办国企,或说国企为什么存在?说到底是它具有其他非公企业不能替代的功能。

一般地讲,企业的功能就是创造就业与税收,但国企是例外,要特殊些。它特殊在哪里?回答此问题得从政府职能看。市场经济的政府职能,学界一致的看法是四项:保卫国家安全、维护社会公正、提供公共产品(服务)以及扶贫。骤然听,以上职责并不多,可操作起来却千头万绪,政府很难事必躬亲。迫不得已,于是政府只好办企业,让国企来协助。我们讲国企特殊,特就特在它要承担部分政府职能。

并非是我想当然,不信你可去重读一下党的十五届四中全会的《决定》。中央强调,国企改革要有进有退,有所为有所不为。国企往哪里进?《决定》讲得很明确,有三大产业:一是国家安全产业,二是自然垄断产业,三是公共品与公共服务产业。为何是这三大产业?往深处想,这是否与政府职能相吻合?是的,让国企进入此三大产业正是政府办国企的目的所在。换句话说,除了以上产业,政府是用不着办企业的。

明确了国企的定位,改革分类其实也就跟着明确了。大致说,可以分四类:第一类是国防军工企业,第二类是资源型企业,第三类是提供公共品与服务的企业,第四类是一般竞争性企业。要说明的是,对照政府职能,第四类显然非政府职能所需,而之所以将其列入,一是它客观存在,而且为数不少;二是考虑改革不能留死角。要是视而不见,这类企业就会游离于改革之外。

转谈改革吧。大家若认同上面的分类,那么改革则可对症下药。为表述方便，让我分类说：

第一类，国防军工企业。由于此类企业事关国家安全，特别是那些拥有核心技术的企业，毫无疑问必须由国家独资，旁人不能参股，而与军工相关的零配件生产企业，可允许非公资本加入，但也得由国家绝对控股。这并不是说军工企业无需改革，改革还得改，但改革并非只有"混合所有"一途，军工企业改革的重点是完善内部分配机制，强化对管理层与员工的激励与约束。

第二类，资源（能源）类企业，此类企业虽与军工企业不同，但也关乎国家的经济命脉与生态保护，故此类企业为完善治理结构，投资主体可多元化，实行混合所有，但前提是国家要绝对控股。改革的关键是，公司董事会构成要按出资比例定，而经理人员一律由董事会招聘。这是说，对国有绝对控股企业国资委今后只需选派董事、董事长，不得再任命总经理、副总经理。

第三类，提供公共品（服务）的企业。由于公共品的消费不排他，市场对公共品又难以定价，这样公共品的生产民营企业通常不会投资。而既然是公共品，公众有需求，政府提供就义不容辞。所以公共品通常得由国家投资的企业提供。参照国际经验，此类国企改革重点有二：一是建立由社会公众参与的企业考评机制，并将考评结果作为高管层任免的重要依据；二是通过招标委托非公企业生产，然后政府订购再提供给公众。

第四类，一般竞争性国企。说过了，一般竞争性国企并非政府职能所需，下一步应加大这类企业的改革力度。总的原则，是"有所不为"，当然不是要完全从竞争性领域退出，但国资的比重应降低。分两种情况：现有的高新技术与支柱产业的企业，国家可相对控股，无需绝对控股。除此之外，所有其他竞争性企业国家仍可持股，但不应再持大股，不然国企拿着大股不放，民间资本想进怕也进不来。

以上改革思路，无疑只是框架性的，纸上谈兵易，真刀真枪地改肯定要比这复杂得多。最近看报纸，学界正在热议"高管限薪"，虽然政府有明确表态，但高管薪酬到底如何改，大家认识似乎并不一致。再有就是员工持股。理论上，国有企业为全民所有制企业，内部职工可持股，那么外部职工可否持股？这些都是有待研究的问题，不知现在的总体方案是否有了良策。好在方案尚未出台，还有时间，主管部门还是多听听意见吧。

工业化与城镇化

▲

工业文明的代价

我对"文明"的理解与大家一样，是褒义词。若说某人行为不文明，那一定不是好话，是批评。据专家称，"文明"一词在中国最早出自《易经》，泛指文化涵养；而英文中的文明（Civilization）则源自拉丁文"Civis"，直译为城市居民，寓意是指先进的文化状态。若对文明做这样的解释，那么我写"工业文明的代价"是否有点文理不通？

是的，读者完全有可能问，文明有代价吗？我的回答当然有。特别是工业文明，不仅有代价而且代价还非常高。今天学界之所以要讨论文明转型，不论出于何原因，归根到底我认为就是因为工业文明的代价已不堪重负，若非如此大家怎会如此重视这个问题呢？至于工业文明为何会有代价我后面谈，这里先从文明转型的一般规律说起。

迄今为止，学界认为人类文明已经历了农耕文明与工业文明两个阶段，目前正向生态文明迈进。当然也有人说农耕文明前还有一个原始文明阶段，不过此点有争议，我不是这方面的专家，且与本文关系不大暂存而不论。而我所关心的，是人类文明为什么会转型，或者说推动农耕文明转向工业文明、工业文明转向生态文明的动力究竟是什么？

研究这个问题，西方学者在分析社会转型时有个视角我认为可借鉴。基本观点是，一个社会哪个阶层拥有最稀缺资源，他们就会成为主导阶级，社会性质也由此而定。比如奴隶社会，由于当时生产力低下，最稀缺的是人手，所以拥有奴隶的奴隶主就成了社会主导。后来随着人口增长，人手不再稀缺而土地变得稀缺，则地主成了统治阶级。再后来发现了新大陆，土地不再稀缺而资本稀缺，于是资本家成了统治阶级。

当然，用"稀缺"解释社会转型只是一个角度，我们还可从另外的角度（如生产力与生产关系相适应）解释，而且那样也许会更科学。不过即便如此，我则认为用"稀缺"解释文明转型可取。比如封建社会产生农耕文明，原因就是粮食短缺。马尔萨斯当年主张控制人口，理由是粮食增长要比人口增长慢。也正由于粮食短缺，所以封建社会的文化风俗以及各类祭祀活动皆与粮食生产相关，这样就产生了农耕文明。

事实上，马尔萨斯只说对了一半。封建社会前期乃至中后期，人口确实比粮食增长快，但到了末期，由于工具改进与耕作技术进步，温饱基本解决，人们需求层次提升，"奢侈品"就显得稀缺，这样便催生了工业文明。如穿的方面有了缝纫机、尼龙、涤纶，吃的方面有了甜菜糖、罐头、汽水、巧克力，住的方面有了电梯、钢筋混凝土建筑和摩天大楼，行的方面有了汽车、火车、轮船、飞机等。

工业社会的到来，无疑丰富了人类的物质供应，但同时也损坏了生态。相对物质供应来说，好的环境反而稀缺了，今天人们更需要洁净的空气、健康的食品与优美的环境，于是工业文明又开始向生态文明转型。事实的确是这样，就在 30 年前，国人还把"烟囱林立"作为文明的标志，可如今显然不同了，媒体时有报道，有地方招商引资由于项目有污染而遭居民抵制。

分析了文明转型，下面再谈工业文明的代价。所谓工业文明的代价，其实就是指对生态环境的损害。众所皆知，工业的载体是企业，工业所以会损害环境，经济学认为根源在企业私人成本与社会成本的分离。举个例，一家造纸的工厂，其私人成本是企业的直接成本（原材料、工资及管理费），而排放废水废气对环境的损害企业不补偿，故称社会成本。问题就在这里，由于社会成本企业不承担，企业自然不会去顾及环境。

由此有人可能会问，既然企业损害了环境，社会成本何不让企业承担？是的，环境成本是该由企业承担，可事实上却没让企业承担。何以如此？个中原因我认为有二：一方面，是以往人们对环保的需求并不强，如首钢当年建在北京就足以说明此点；另一方面，工业化初期若社会成本让企业承担，有些产业怕是搞不起来。仍以钢铁为例，若环境成本皆让企业支付，"一五"时期的各大钢厂绝对生存不到今天。

不过这都是以往的事了。今非昔比，随着中国工业化进入中期，工业文明的代价已越来越高，人们不可能再熟视无睹。当然，不是说今天企业的污染比过去严重，现在企业处理排污的技术要比从前高明得多。我这里所说的代价是从机会成本看，由于今天人们更重视环境，或者说环境已变得更值钱，这样发展工业的机会成本比以前就更高了。

正由于这种环境的压力，所以政府高层多次强调推动工业文明转型，此乃大势，刻不容缓。当下的难题，是我们该怎样做？对此我的观点很明确，总的思路，是设法将社会成本内化为企业（私人）成本。我曾撰文说过，社会成本分担实际就是科斯讲的界定产权（排污权），而产权的界定则以交易费用为依归。说得直白些，社会成本内化不必一刀切，应依交易费用的高低相机抉择。只要把住这原则，具体怎么做我想政府当事人一定比你我清楚吧！

中国农业后继无人乎

　　祖祖辈辈都种地，自己出身农民不可能不关心农业。当下的困难，是政府需要粮食安全，城里人却希望粮价低一些，而种地的农民则指望粮食能卖个好价钱。这三方目标皆有理，但统不起来，令人头痛。问题就摆在这里，解决得好，大家皆大欢喜；否则三方都会输，而且会输得惨。何去何从？看来政府得审慎考量才行。

　　我一贯的观点，中国不该缺粮食。18亿亩耕地，人均一亩多地粮食怎会不够吃？今天粮食所以短缺，一是耕地撂荒严重，二是农民广种薄收。而这一切，归根到底又是粮价低。想想吧，一亩地种粮的收入，不计人工，除出成本仅500元左右。背朝日头面向土，10亩地收入才换一部手机，农民怎可能精耕细作呢？我老家历来是鱼米之乡，过去粮食一年种两季，可如今却改种一季，个中原因我不说读者也会明白吧！

　　是的，从经济学看，中国的粮食安全，背后其实就是个粮价问题。只要粮价够高，农民靠种粮能致富，中国粮食绝无短缺之忧。可粗略算，若粮食亩产能达700斤，有6.3亿吨粮食中国人自给绰绰有余。要是再不够，粮价涨到五元一斤，不要说外国粮食会如潮水般涌来，农民的房前屋后都会种粮你信不信？所以政府要保粮食安全，别无他法，关键是要维持高粮价。粮食多了补贴休耕，让粮食紧供应，而粮食少时则放开价格。

我曾到豫东平原做过调查，那里的农民说，政府给种粮补贴，意图好，但农民不容易得实惠。这边国家发补贴，而那边农药化肥就涨价，此补彼涨，两相抵消农民往往得不偿失。三年前在云南曾与农民座谈，会上有人算账：目前国家给的种粮补贴，直补加综合补贴，满打满算每亩不过100元，而当地粮食亩产1000斤，若政府不管价格，一斤粮食涨0.5元，一亩地则可增收500元。这是说，农民并不希望补贴而更乐意政府放开价格。

这当然是从农民的立场看。若换个角度，要是政府放任不管，粮价涨了城里低收入者怎么办？何况学界这几年一直有人说中国的通胀是农产品涨价所推动。当然，这说法是错的。前些天我已撰文分析，指出通胀与农产品涨价无关。不去管它，但如何让城里低收入者买得起米倒是个难题。不过想深一层，此事说难也不难，现在国家一年给农民的补贴近800亿元，若政府放开粮价，用这800亿元去补城里人买米，每人补800元可补1亿人，城里哪有一亿人买不起米呢？

由此看，放开粮价不仅农民可增收，国家有粮食安全，而购粮补贴也让城里低收入者利益无损。一举三得，是多赢，何乐而不为？若再长远看，也是本文要说的重点。这些年，由于种地收益低，农村青壮劳力皆纷纷进城务工，留守的大多是老人、孩子。

长此以往，中国农业会不会后继无人？并非杞人忧天。去农村看看吧，今天的年轻人还有多少在家务农？难怪前几天农业部总经济师陈萌山先生也发此感慨：中国未来"谁来种地、谁来养猪"！

人无远虑必有近忧。于是有专家出主意说，解决此问题有三法：一是要从娃娃抓起，在中小学植入农业内容，引导学生对农业的兴趣；二是要对青年农民进行职业培训，培育更多的种田能手；三是要用优惠措施吸引部分进城人员返乡。这三条不能说不对，但隔靴搔痒，不过是治标而已。我们这代人，中小学差不多都应该学过农吧，可长大后谁不想跳"龙门"？而当下的年轻人不务农，也并非缺乏职业培训那样简单，若种地的收入低，即使有培训又怎样？农学院不是也有很多毕业生改行么？

至于吸引进城人员返乡，思路大体对，我赞成。但我认为返乡民工未必能成为未来农业的主力，他们的年龄会越来越大，而且也不懂现代农业。将来农业的主力，恐怕只能是城里那些有资本、懂技术、会管理的人。现在需要我们研究的，是怎样才能把这些人吸引到农村去。不知别人怎么想，有一点我肯定，若无利益驱动，单靠政府号召将于事无补。不仅城里人不会去，就是农民工也不会回去。你想想，搞农业若不如搞工业赚钱，跑去种地岂不是发神经！

别误会，我这样讲并不是要国家拿钱去补贴投资农业。其实，投资农业的收益并不必然比投资工业低。虽然威廉·配第曾说过"从业之利农不如工，工不如商"。但那是300多年前的"小农生产"。若改做现代农业，种地照样是可以大赚的。何谓现代农业？简单地说，一是现代农业科技，二是现代生产方式。显然，农业要现代化，起码的一点就是土地要规模经营。像目前这种状况，人均一亩多地，赚钱当然不会多；若是让一人种 500 亩、1000 亩，收益就未见得低于投资工业了。

不是什么深奥的理论，事实上，规模经营早已是人们的共识。而跟下来的问题，是土地如何集中？前些年，土地集中难度大，那时政府总担心农民失地。想来也对，土地乃农民立命之本，没有地靠什么生存？然而今非昔比，今天真正的"农民"（以种地为职业）已不多，10 年后会更少。如此，若土地承包再不改，日后耕地撂荒会比现在更严重。未雨绸缪，所以推动土地集中刻不容缓。政府眼下要做的，就是赋予农民耕地产权。这样一来不仅有利于土地集中，农民也可用"地"入股取得收益。两全其美，岂非善哉！

政府为何热衷征地

我曾撰文写中国今后谁来种地，观点有三：一是政府通过补贴休耕让粮食紧供应，放开粮价；二是推动土地集中，让种粮者能取得规模收益；三是赋予农民耕地产权。这第三点重要，但当时是结合土地集中谈，未做展开。言犹未尽，故这里再作专文讨论，当然不想去空谈产权概念，概念重要但读者未必有兴趣，还是让我从目前广受关注的"征地问题"下笔吧。

毋庸讳言，这些年因征地惹出的麻烦实在不少。明显的，农民上访事件现在与日俱增。几年前在南方讲学，我就亲眼看见农民在省府前静坐，并打出"还我耕地"的大字横幅。曾听信访部门的朋友说，近年农民来京上访，多数也是因耕地被占。这现象看来并非个别，而且政府高层恐怕也清楚。不然温总理广州讲话不会那么严厉，他强调在耕地上要一寸不放，一口不松，寸土不让。

学界当下有个观点，认为土地征用引发冲突是因为给农民的补偿不足。言下之意，只要给农民多一些补偿冲突便可化解。不否认，补偿不足肯定是诱因之一，也是事实。据人民大学最近的一份调研报告显示，近三年失地农民中，未得补偿的就有

12.7%，有补偿承诺但未兑现的占 9.8%，分期补偿的占 12.8%。这是说，只有 64.7% 的农民拿到一次性补偿，且标准普遍偏低，每亩平均仅 1.87 万元。

是专家调查的数据，真实性不用怀疑。但即便如此，我认为这些数据也只是表象，不是终极原因。若追问一下，为何地方政府征地不给农民足额补偿？数据显然不能给出答案。而我的看法，问题的根子是在"征地"这种制度安排上。所谓征地，说白了，就是政府凭借"权力"便宜地从农民手里拿地。既然是"征"（不是"买"），当然也就谈不上足额补偿了。你想呀，若肯足额补偿，政府直接向农民买地好了，又何必大动干戈去"征地"呢？

是的，至少在理论上，"征地"是不可能给足额补偿的。足额补偿是土地值多少钱就给农民多少钱，那样就是等价交换，是买卖。换言之，要给农民足额补偿，土地就不能由政府单边"征"，而应该让政府去"买"。别误会，不是说土地一概不能征，我的意思是，政府征地必须有严格的限制，按国际惯例，除了公益性用地可以征，其他商业开发，土地一律不能征。否则政府就是与民争利，农民当然有理由要告你。

说起来，政府对征地乐此不疲，其实也是无利不起早。可以想到的：一是追求 GDP，把耕地转搞工业，GDP 会增长更快，有了 GDP 也就有了政绩；二是地方财政收入。农业税免征之后，农业已不再上贡财政，而搞工业呢，地方不仅有税收而且还有大把的土地收入可以进账。据我所知，目前政府从农民手里征地平均每亩补偿不足 2 万元，而一转手卖给开发商，每亩动辄数十万元甚至上百万元。诱惑如此之大，地方政府怎能坐怀不乱呢？

看来，要化解当前的征地冲突，改革征地体制势在必行。至于具体怎么改可以多听意见，而我考虑可从两个层面动刀：第一是政府层面。国家应尽早立法，釜底抽薪，令地方政府从土地转让中彻底退出。明确规定，除了公益性项目，今后商业开发一律不准"征地"，政府只负责做土地规划，谁需要用地就让他去向农民买，政府不再插手。这样让农民自己当家，自主交易，即使吃亏也不会怪政府了。

第二是农民层面。现在有个难题，也是体制上的，就是目前"土地承包制"下农民不具备土地交易的主体资格怎么办？众所周知，土地承包只是给农民经营权而非产权。产权包含着三项权能：使用权、收益权与转让权。而现在农民的承包权，充其量只是使用权与部分收益权，并无转让权。没有转让权，农民怎可以进行土地交易呢？所以要保护农民利益，让农民成为土地交易主体，国家还得在法律上将"转让权"界定给农民。

关于将"转让权"赋予农民，我曾写过多篇文章，而且成都、枣庄也早有试点，两地我皆去过，农民拍手叫好。而我所看重的，是它能有效地推动土地集中。不是说土地承包就不能集中，承包地也可集中，但那是土地"转包"，由于"转包"有年限限制，转包期内经营主不会去改良土壤，更不会投资水利设施。无恒产者无恒心。这几年我在农村调研时经常听农民抱怨水利设施差。为什么差？说到底就是与承包制有关。

再有一点就是"耕地红线"。政府明令要寸土不让，我衷心拥护。中国乃人口大国，18亿亩耕地必须守住。可现在的问题是，究竟让谁去守合适？国务院是希望地方政府帮助守，说实话，我觉得那样有点"玄"，未必靠得住。当下耕地强征事件时有发生，民怨不少，请问哪一件地方政府脱得了干系？所以让地方政府守耕地，就好比是让老鼠去守油瓶。有自身利益在，谁能保证不会出现监守自盗？

其实，世上守护最有效的财产是私产。只要把耕地产权交给农民，农民一定会守得住。道理简单，一旦农民有了耕地产权，地方政府就不能再强征，否则不仅农民不答应，法律也不会答应。现行政策虽允许耕地占补平衡，但农民的耕地不让征，地方政府拿不到低价土地自然给不了开发商优惠。没有优惠，开发商也就不会像现在这样乱占耕地上项目了。

一招制胜，政府决策层何不早下决心！

城镇化不能盲目造城

　　时下学界有一说法，称此前 30 年中国经济高增长是由工业化推动，而此后 30 年将靠城镇化推动。差不多众口一词，似乎没理由可以怀疑。然最近我思来想去，觉得自己还是不甚清楚。我的问题是，工业化与城镇化是不是两个可以截然分开的阶段？若果是，上面的说法能成立；但若不是，这判断恐怕就大有疑问。

　　工业化与城镇化究竟是何关系？或者说它们是否是前后两个阶段？显然这与人们对城镇化的理解有关。关于"城镇化"，我所看到的解释有三种，简言之：一是化村庄为城镇，二是化农民为市民，三是化务农为务工。应该说，这三种解释都对，也都是城镇化的应有之义。但若刨根究底，问城镇化的核心到底是什么？见仁见智，大家的看法可能各有不同。

　　先说我的观点。城镇化的核心我认为是转换农民职业，即化务农为务工。离开这一点，任何形式的城镇化皆是舍本逐末。比如化村庄为城镇，其实就是建小城镇。这方面我们曾有过教训，20 世纪 90 年代初提出"小城镇"大战略，政府投了 4000 亿元，短短几年小城镇遍地开花，结果呢？全国一万多个小城镇，平均人口仅 3000 多人；而非农人口不及 2000 人。由于农民在城镇无以谋生，久而久之不少小城镇也就成了空城。

所谓化农民为市民，通俗讲就是转户口。户口重要吗？当然重要。目前在中国户口不单是身份的象征，也与待遇有关。这些年进城农民工由于无城镇户口，医疗保险、孩子上学等皆诸多不便，所以他们希望转户口。问题是，转户口是否就是城镇化？大约 10 年前我曾赴西北某市调研，听当地官员说城镇化率达到 51%，我大吃一惊，细问究竟，方知当地人口一半以上转了城镇户口，可 70% 的人还是以种地为生。这样的城镇化岂非掩耳盗铃？

是的，城镇化的关键是转职业而非转户口。换句话说，城镇化要从非农人口的比重看，从事非农人口的比重越高，城镇化率就越高；反之，若农民仍以种地为业，即便百分之百转了城镇户口也算不上城镇化。故推进城镇化首要的是城镇能提供就业岗位，能让农民在城里找到工作。问题是怎样才能让农民找到工作？当然只能是发展工业，若工业不发展城镇化就如空中建塔，没有根基迟早也要坍塌。

回顾一下城市发展史，我们或许看得更清楚。早在农耕时代，城市就已出现了。不过那时的城市主要是用于军事防御和举行祭祀仪式，只是消费中心，没有生产功能。真正意义的城市，是 13 世纪工商业发展后地中海沿岸涌现的如米兰、威尼斯、巴黎等商贸中心。而城市化大步提速，则是工业革命之后。机器大工业不仅打败了手工作坊，同时也为失地农民提供了就业。至一战前夕，英、美、德等国家其实已经城市化了。

可见，城市化与工业化是同步的。不信你能举出一个例子，证明世界上有哪个国家绕过工业化实现了城市化，或者有哪个国家绕过城市化而实现了工业化。的确，工业化与城市化就是这样密不可分，是同一硬币的两面而非前后两个阶段。既如此，那么"中国经济前30年靠工业化推动，而后30年靠城镇化推动"的说法就不足为信，是拍脑袋想当然。

有人也许会说，工业化与城镇化虽不能截然分开，但可分主次。即前30年主要靠工业化，后30年主要靠城镇化。这观点对吗？坦率地讲我也不同意。因为这很容易产生误导，会让人们想到中国经济未来主要是靠"造城"。离开了工业化，所谓城镇化实际就是"造城"，盲目"造城"不仅劳民伤财，对拉动经济也于事无补。你想，若无工业化支撑，城镇造起来有啥用？痛定思痛，难道以往的教训还不深刻么？

事实上，中国此前30年，是工业化与城镇化并驾齐驱同时提速的过程。有数据说，迄今2.6亿农民工已在城镇就业。你想，若没有工业化提速，这么多农民怎可能转得了职业？结论很明显，城镇化不可能离开工业化，何况中国工业化远未完成，目前还只是中期阶段，我们本应心无旁骛一鼓作气才对，可不知为何有人偏要另起炉灶提什么"中国经济靠城镇化推动"的口号，这实在是多此一举！

我不赞成提新口号，当然不是说城镇化不重要。我的观点，是城镇化应以工业化为依托，要水到渠成而不是拔苗助长。当下学界有个现象，很多人喜欢标新立异，做学问求新求异无可厚非，可学术创新应在理论建树上取胜，而非一味地整新名词、新提法。明知工业化与城镇化不可分却硬要说是两个阶段，还以为自己看见了皇帝的新衣。闭门造车，此等学问我看还是不做算了。

碳排权交易与居民权益

联合国上月召开 2014 年气候峰会，中国政府承诺 2020 年碳排强度将比 2005 年下降 45%。一诺千金，国际社会一片叫好。然而叫好归叫好，未来几年我们将要面临的压力可想而知。中国历来说到做到，时不我待，当务之急是要尽快拿出切实可行的减排办法来。

我曾就"减排"问题写过两篇文章，一篇题为《气候问题的经济学视角》，写于 2009 年；另一篇是去年写的《工业文明的代价》。两文角度不同，但结论却异曲同工，皆指出"推动碳排权交易是实行减排的优选"。而本文要讨论的重点是，碳排权交易的学理根据为何？或者说碳排权交易该怎样设计才能在实行减排的同时保障居民的权益。为方便表述，下面分点简述我的看法。

一、众所公认，碳排放是造成目前环境污染的重要原因，而环境事关大家的公共利益，可为何企业不主动限排呢？对此经济学的解释，是企业私人成本与社会成本分离。换言之，碳排放对环境损害所发生的成本（治理环境的费用与居民受到的损害）企业并不承担，而是转嫁给了社会（政府或居民）承担。

正因如此，所以企业为了追求利润最大化才对碳排放漠不关心，甚至肆无忌惮。

二、由此见，减少碳排放关键是要将社会成本内化为企业成本。问题是怎样内化？英国经济学家庇古提出的方案是，由政府先向碳排企业征税，然后再对居民予以补偿。此办法无疑是一个思路，也有国家曾经这样处理。可经济学家科斯认为，庇古方案虽能将社会成本内化，但并非解决环境问题的优选，更不是唯一的选择。

三、科斯提出的方案是，以交易成本高低来分担社会成本。在科斯看来，碳排权的分配，其实就是社会成本的分摊，说到底是产权的界定。若将碳排权界定给了企业，企业就无需承担社会成本；若将碳排权界定给了居民，则企业就得承担全部社会成本。而至于碳排权在企业与居民间如何分配，政府不必管其他，只需看界定给谁的交易成本更低。

四、交易成本是指除生产成本之外的制度成本，包括信息搜集、谈判沟通、组织协调等费用。这样看，在工业化初始阶段，由于环境未出现普遍污染，公众环保意识也不强，那时将碳排权界定给企业一般不会遭到居民反对，故交易成本会相对低；但随着工业化的推进，特别是到了工业化中期后，环境逐步恶化，公众环保意识增强，若仍将碳排权全部界定给企业会招致居民的抵制，由此形成的交易成本会升高。

五、既然随着工业化提速，将碳排权界定给企业的交易成本呈递升趋势，由此推出的政策含义是，为了降低交易成本，碳排权分配给企业的比例应逐步调低，而分配给居民的比例应逐步提高。大致说，在工业化初期，碳排权可更多地分配给企业；在工业化中期，企业与居民可各占一半；而工业化后期，碳排权则应更大比例的分配给居民。

六、分配碳排权是将碳排放社会成本内化的重要一步，但仅此不够，政府还得允许碳排权进入市场交易。若没有碳排权交易，不仅社会成本难以内化，而且目前大量碳排超标企业由于无处购买碳排权得立即停产甚至倒闭，失业增加，难免会造成社会震荡。若开放碳排权交易，碳排超标企业可到市场购买碳排权，有了缓冲期，企业便有时间进行技改实行节能减排。

七、可以想见，开放碳排权交易后，即使市场有碳排指标供给，但也会有少数企业买不起而难以存活。怎么办？对此政府绝不可患得患失。我们要兑现减排 45% 的承诺，别无选择，今后几年必须关闭一些高污染企业，何况淘汰落后企业本来就是推动碳排权交易的目的所在。所不同的是，以往限排是靠行政命令（如政府下令关闭某高污染企业），而现在用的是市场机制。既然都是关闭，让市场淘汰要比行政关闭可取。

八、应指出的是，淘汰部分高排放企业只是开放碳排权交易的目的之一；另一目的，是鼓励企业减排。比如当政府将碳排权分配给企业后，有企业若能够节能减排，用不完的碳排指标就可拿到市场去卖，显然这是一种积极的正向激励。如果政府行政限排主要是"罚"，而碳排权交易则恩威并重，是有奖有罚。

九、前面说了，进入工业化中期后，碳排权应在企业与居民之间分配。这样一来，不论在操作层面具体的分配比例怎么定，居民都会拥有一定数量的碳排权。既如此，那么居民就理所当然地有权作为供给者参与交易，不然居民被排除在交易之外，不仅污染损害无从补偿，而所分配到的碳排权也就形同虚设。从这个角度看，碳排权不能只限于企业间交易，理应有居民的参与。

十、困难在于，居民人多分散，每个人拥有的碳排权相对少，若让居民参与交易，日后企业就得逐一向居民购买碳排权，这样企业的谈判成本无疑会增高。鉴于此，我认为弥补之法是组建若干地区性碳排权"银行"，让居民将碳排权存入"银行"，然后委托"银行"集中与企业交易。而此法的要点是："银行"要相互独立，之间要有竞争；同时为保障居民权益，要让居民有权自主选择银行。

这些天日思夜想，反复推敲自己认为以上十点逻辑上没有错，操作上也可行。这里公之于世，算是与读者做一次公开交流吧！

公平与社会责任

怎样看待收入差距

当下中国基尼系数究竟有多高？版本好几个，说法不一。为了稳妥这里选用官方的。据称，目前中国的基尼系数为 0.4。这数字怎么算出来的我不知，也不见公开细节，但既然是官方发布，权威性不容置疑。不过身边朋友皆说此数不可信，认为实际差距比这大得多。数字准不准不管它，收入存在差距我相信是事实，老百姓对此不满也是真的。

大家希望缩小收入差距，我理解。但为了把问题说明白，我认为应先讨论什么是收入，或者收入差距到底应该怎么算？举个例子，某民营企业一年利润 2000 万元；而某员工一年工资 10 万元，请问企业 2000 万元利润算企业主收入么？倘若这么算，那么企业主收入就是员工工资的 200 倍，差距可谓大也。问题是，员工工资多数是用于个人消费；而企业利润少量会用于企业主消费，而大量则用于投资。两者肯定有不同，读者是否注意到这其中的分别呢？

说到收入，我们不能不提到经济学家费雪。当年费雪写那本大名鼎鼎的《利息理论》，开篇就讲"收入是一连串事件"。什么意思？费雪用三个概念解释。一是享用收入。费雪强调，货币只有当用于购买食物、衣服、汽车等进行享受时才成为收入。二是实际收入。享用收入是心理感受，没法度量，所以他认为可用实际收入（生活费用）来近似反映，比如我们用晚餐或看电影，其享受虽无法用多少元衡量但却知道花了多少钱。三是货币收入。这个简单，就是指用于支付生活费用所得到的货币。

很显然，在费雪那里所谓"收入是一连串事件"，其实是说收入是一连串的消费（享受）。他讲得很形象，以家庭门限为界，不管你赚多少钱，把面包、黄油、衣服、汽车等买进家门并立即消费了是收入，否则就不是收入。还是上面的例子，某企业主一年进账 2000 万元，若支付生活费用为 20 万元，那么这 20 万元是他的收入；剩下的钱若存银行是储蓄，买了机器是投资。但无论储蓄还是投资，都是企业主财产（资产）而非收入。

费雪如此界定收入，或许有人不同意，因为不仅教科书上不这么说，而且与人们惯常的理解也大相径庭。不过就我本人而言，却完全接受费雪，并非盲目崇拜，而是觉得只有从他的收入视角才能解通世事。我自己的例子，当年从人大毕业求职，本可去一家外企就业，月薪 3000 元；也可到党校任教，月薪 300 元，可我最后选择了党校而放弃外企，你道为什么？外企薪酬虽是党校 10 倍，可党校能提供住房外企却没有，这样在我看来党校教书的收入（消费）并不低于外企。

以上说的是自己选择职业，若再换个角度，让我与那些私企老板比又如何？昔日师友今天在商界的成功者不乏其人，人家开公司日进斗金，而我当教授月入仅数千，你认为我会羡慕他们吗？说实话，一点没有是假的；但如果你认为我会后悔当初自己没下海那就错了。曾与一位做老板的师兄探讨过，表面看，他的收入（生活费用）确实比我高，但除开商界应酬，单论个人收入（消费）却也相差无几，至少没有原来想象的那么大。

绝非阿Q精神，也不是吃不着葡萄就说葡萄酸。我说自己与老板（师兄）收入相若，那仅是从个人消费看；若转从财产看就不同了，他资产过亿，而我呢？除了手头那点微不足道的股票和所住的房子别无其他，两者当然没法比。由此见，我等工薪阶层与私企老板的差距，主要是在"财产"而不在"收入"。不信你再去读读《资本论》，会发现马克思揭示资本积累趋势也是从财产角度讲的，所谓财富积累与贫困积累，比较的并不是资本家与劳动者的个人收入。

回头再说基尼系数。有个误会需要澄清：不少人以为，基尼系数反映的是收入差距；学界也有人这么看。事实上，这看法是错的。基尼系数虽也包含收入差距，但那仅是一小部分，无足轻重，它所反映的主要还是财产差距。比如有人讲中国20%的人口拥有80%的财富，显然说的是财产而非收入。既如此，于是这就带来了一个问题，若基尼系数高是指财产差距大，那我们如果只单调收入不调财产岂不是避重就轻？

是的，比起收入差距来，目前的财产差距的确更大，也正因此，所以我认为与其调收入不如调财产。再说，政府调收入的办法也并不多。前文讲，收入即消费。这样调收入实际是要调消费。

问题是消费怎么调？最近拜读了不少学者的文章，来来去去似乎就两条，即对工资"限高"或者"提低"，可难题在于工资乃劳动力之价，高低要由市场定。政府"限高"只能针对国企，对私企则鞭长莫及。当然，政府可提高最低法定工资，但前提是得先减税，若只加工资不减税，失业增多反而麻烦更大。

至于如何调财产，限于篇幅容我只说重点：第一，明晰农民耕地产权。咄咄怪事，目前中国农民有房有地却无财产，究其原因，是国家没给农民耕地产权。第二，对财产课重税。现在不少富人到处买房置地，你钱多买什么别人管不了，但要调财产政府应对其征重税。第三，开征遗产税。此事已议多年，但不知为何至今未开征，也不知究竟难在哪里。我所知道的是，若再久拖不决日后财产差距会越拉越大。

延迟退休不必强行

最近政府拟研究延迟退休的消息传开，舆论一片大哗。看网上言论，反对者明显地多，而集中的意见，是说政府不该出尔反尔，定好的退休年龄怎能想延就延？其实，延迟退休目前还只是动议，并未拍板，最后怎么定尚待研究。我理解，政府是在投石问路，希望多听意见，既如此，这里我就来谈点看法。

不用说，政府出此动议背后一定有苦衷。而容易想到的，是社会养老账户存在资金缺口。据专家推测，目前的缺口是 1.8 万亿元，而政府说缺口没那么大，可究竟有多大却没说。说不说不要紧，至少有一点可以肯定，现在的养老金账户已入不敷出。读者想想，20 世纪 90 年代中期我国才建立社会养老账户，起步晚，迄今不到 20 年人口却进入"老龄化"，近年来退休人口与日俱增，僧多粥少，养老金当然会捉襟见肘了。

是的，当下政府确实很尴尬：一方面，离退休职工要吃饭，政府不能不给退休金；另一方面，养老金账户囊中羞涩而又无力支付。左右为难你说怎么办？巧妇难为无米之炊，所以从这个角度看，政府要考虑延迟退休也是无奈之举。可问题是，当初建立社会养老账户时，政府有过承诺，答应职工退休时即可领取退休金。若政府之前说过的话不算数，请问政府公信力何在？日后老百姓还怎么信你？

说我的观点吧。弥补养老金账户缺口，延迟退休是一个办法，但我认为并非上选。不否认，延迟退休可减少眼前的养老金支付，但这样做政府不仅要失信于民，而且会令就业形势更严峻。有人说，延迟退休是当今很多国家的通行做法。这说的是事实，我承认，可要知道国家与国家不同，人家能通行，我们却未必行得通。摆明的一点，我国人多就业压力大，一刀切地延迟退休对就业怕是雪上加霜。

别误会，不是说退休绝对不能延，既然延退可解眼前之急，有人愿意延我当然不反对。而我想说的是，延退与否应充分尊重当事人的意愿，不可由政府强制规定。比如，某人年满60岁应该退休，但若用人单位想留，他本人也同意，再延五年自然没问题。这是说，政府只要不再限定60岁退休，剩下的事（如具体到某人是否延退）就不要管了。把选择权交给当事人，效果殊途同归，而且政府还可免遭不必要的非议。

设身处地地想，倘若你到了60岁原本可退休，可政府突然说你不能退，得干到65岁才能领退休金，你会怎么想？是不是会有意见？如果政府说，你可以退也可以不退，你又会怎么做？若换了是我，我就要看第一，自己身体能否胜任；第二，单位是否肯留用；第三，工资是否高过退休金。这第三点重要，若工资与退休金相若我会退；若工资高过退休金，我会考虑延，高出越多我越愿意延。

由此可见，延迟退休大可不必强求，政府只需做三件事则效果殊途同归：第一，落实工资递增计划。国务院曾明确说，今后工资增长要与实际经济增长同步，每年经济增长 7%，则工资增长不得低于 7%。如果有通胀（比如 CPI 为 4%），那么名义工资每年应增长 11%。第二，为鼓励延退，国家可考虑在税收上网开一面，对 60 岁以上劳动者的工资免征个税。第三，限定退休者自领取退休金之日起不得再就业。有了这三条，多数人是不是会选择延退？

不过话要说回来，即便将来多数人愿意延退，养老金缺口也不可能补得上。延退只是扬汤止沸，不是治本的办法，那么治本的办法是什么呢？十年前我曾撰文主张将一部分国有股本划入社会养老账户，到今天我的观点不变，而且于情于理我认为都应该这样做。众所周知，国有资本是全民资本，既然是全民资本，按谁投资谁受益原则，用国有资本的部分收益补充养老就是天经地义的事，旁人不应该有任何反对的理由。

当下的困难，是政府要花钱的地方太多，科技要投资，农业要扶持，基础设施也要建。但不管怎么说，对政府来讲民生应该是第一位的。我在党校工作 20 年，深知中央高层历来重视民生，何况为稳增长目前政府又有意拉动消费。所以我的看法，我们与其大把花钱去建铁路、公路、机场，就不如多用些钱来改善民生。尤其是养老，若是老有所养，无后顾之忧人们就会消费，这样同样也能扩大内需带动经济增长。

　　最后再说句题外的话。多年来学界一直有个观点，认为像"铁、公、机"这类基础设施必须政府建。其实不然，在经济学看来，"铁、公、机"是基础设施，但并非公共品。政府的职责是提供公共品，基础设施不一定都得由政府建。事实上，现在很多国家的"铁、公、机"都是企业投资的。既然人家可以由企业投，而我们为什么不可以？至少政府不该大包大揽，若将省下的钱投入养老，岂不利在当代功在千秋！

谁在制造性别歧视

　　社会性别平等问题我研究不多，更没想过要写文章，可上周在贵阳参加座谈会，听了别人的发言忽然间觉得自己有话要说。当然不是人家会上讲得不对，或是我不赞成性别平等，我想说的是，讨论此问题必须先对"性别平等"作界定。否则，大家对概念理解不一，各说各话，再怎么讨论也怕难以达成共识。

　　据我所知，早年人们批评性别歧视，多指生育方面的重男轻女以及生活中的男尊女卑。而当下人们讲男女不平等，则重点是在职业分工方面。比如政界，男性的人数就明显多于女性。今天农村到城市的务工者也多为男性，妇女则通常留在家中照顾孩子。不否认，这两种情况的确存在，是事实。但这是否真的就是性别歧视呢？前一种情形复杂些，先存而不论；对后一种情形我清楚，若将其归入性别歧视我不同意。

　　我自小长在农村，对农民算有了解。别看他们没读过亚当·斯密和李嘉图的书，但对分工的认识却不比你我浅。中国农耕社会几千年，一直奉行男耕女织，你道为什么？那是因为男性体力大，女性手艺巧，是基于男女比较优势的分工。同理，今天男性外出务工者多于女性，也是家庭内分工的一种理性安排，旁人大可不必说三道四。不信你去问问那些留守在家的妇女，她们中有多少人是认为性别不平等的？

是的，发挥比较优势是家庭分工的一个基本原则。这是说，只要没有外部强制，任家庭成员自由分工，不论最后的结果为何——是妻子留守还是丈夫留守都是争取家庭收入最大化的优选。说我亲眼所见的例子，几年前我在福建邵武调研，曾遇到一位四川的妇女到邵武打工而丈夫却留在家中。我问何故，她答是丈夫身体不好，自己打工要比丈夫挣得更多。听明白了么？原来决定家庭分工的并不是性别，而是比较优势。

一个家庭这样，其实社会层面的分工也如此。假若社会对女性择业没有制度性限制，分工也必是基于人们各自的比较优势。经济学说，按比较优势分工是有助于社会财富最大化的。既如此，那么在社会层面我们判断某行业是否有性别歧视，就不能光看男女比例，关键要看是否有限制自由择业的制度。比如某用人单位明文规定只用男性不用女性，这当然是性别歧视；反之若没有这种规定，该行业即便全是男性没有女性也非性别歧视。

不是吗？想深一层吧，煤矿行业男性明显地多于女性，可大家为何不认为它是性别歧视？答案简单，那是因为煤矿业很特殊，即使不限制女性进入，自由选择的结果也会男性多于女性。所以我的观点，社会性别平等绝非是男女人数相等。设想一下，假若各行各业皆要求男女相等会是啥结果？肯定的，为了照顾男女平衡，用人单位就不得不去"拉郎配"或"拉女配"。这样一来，很多人的比较优势将难以发挥，整个社会的生产效率也必大大降低。

由此可见，男女比例并非判定社会性别是否平等的重点，甚至也不应该作为标准。若读者同意，那么我就可回答前面第一个问题了。当下政界男多女少是否是性别歧视？很多人认为是，但我认为不是。为什么？因为在制度上国家对女性从政并无任何限制性规定，她们是否从政可以完全自愿。既然如此，政界男多女少怎可归咎于性别歧视呢？我们总不能强人所难，硬逼着那些不想从政的女性去从政吧？

学界另有一种观点，说政界男多女少是因为目前人大代表中的女性占比偏低。意思是说，人大代表中若再多些女性，政界的性别比就会改变。是这样吗？听起来好像是，但其实也不是。我自己做北京市人大代表多年，我的经验，在选举时女代表其实并不一定就投票给女性，而男代表也不一定只投票给男性。那种认为女代表必选女性的看法纯属闭门造车，是一厢情愿地想当然。

我自己有个大胆点的看法，讲出来政界的朋友未必爱听。人们对政界所谓性别歧视的批评，我认为是避重就轻未击要害。依在下看，这里的要害是从政的人有特权。不然，若从政与挖煤一样就是一普通职业，没特权你会在乎它的性别比么？应该不会。是的，当下政界的症结并非男多女少或是什么性别歧视，而是行政权力过大。若不取消行政特权而单单强调男女比例平衡，那岂不是移花接木转移改革的视线？

不过话要说回来，我说今天中国政界不存在性别歧视，并不是说过去也没有过，或者现在其他领域也没有。众所周知，封建社会许多制度（包括习俗），如要求女子裹足以及"三从四德"的旧礼教，对女性从政就明显不利。现代社会，虽然这些旧礼教或习俗早已成为陈迹，但性别歧视仍然有。我知道的，目前少数农村地区耕地只承包给男性而不给女性，城市职工退休男女不同龄，少数用人单位虽不敢明里却暗里限招女性等。

如此看来，造成性别不平等的根源，关键在制度。扬汤止沸，不如釜底抽薪，所以，我们与其天天喊口号要男女平等，还不如冷静下来，看看究竟是哪些制度妨碍了女性的自由选择权？只要找到症结并一一除之，待以时日，何患性别歧视不能解决！

追问企业社会责任

中欧美论坛结束后，与几位同事从阿斯平飞旧金山访英特尔。我此行的任务，是应英特尔之邀为公司高层做一个"中国经济问题"的讲座，并同时研讨"企业的社会责任"。关于讲座我会另文说，这里先谈"企业社会责任"，而且重点是谈我自己对企业社会责任的追问与思考。

赴美前，英特尔中国区的王黎女士给我送来《责任引领创新：2010—2011英特尔中国企业责任报告》，洋洋洒洒近十万字，图文并茂，一看就知是倾心之作。而首席执行官保罗·欧德宁（Paul Otellini）在开篇致辞中说，英特尔成功的关键，就在公司的创新力与企业社会责任的领导力。那么何为企业社会责任呢？很遗憾，看完整篇报告也没找到答案。

说实话，关于企业社会责任我已思考多年。大约六年前，我曾率团访问法国电力公司（EDF），记得当时他们讲企业社会责任，就是指企业代政府扶贫。比如为解决边远山区的用电困难，公司不仅架设了专线，而且还为贫困户廉价供电。扶贫本来是政府的职责而企业出面代劳，故称之为企业的社会责任。而我当时的困惑是，企业只是帮助做事，费用还是政府出，这相当于是企业从政府手里接工程，怎能算企业承担了社会责任呢？

无独有偶，后来访问澳大利亚，澳大利亚讲企业社会责任也大抵如此。典型的是养老服务。过去是政府直接办养老院，后来政府把养老交给了私人机构，让退休老人自己去选择私人养老院，费用则由政府结。这样养老机构有了竞争，服务得到改善，公众好评如潮。政府这样做当然对，也值得借鉴，但若说这是私人养老机构承担了社会责任，我认为牵强，于理不通。

这次访英特尔，迈克尔·雅各布森（Michael Jacobson）先生专门为我们介绍了英特尔有关企业社会责任的情况。隔行如隔山，他讲的有些专业名词我不太懂。他大意是说，英特尔的社会责任体现在自创立以来为社会提供了大量的高科技产品，如延伸英特尔 PC 平台引领云计算的变革，推动智能手机、平板电脑、智能电视升级等。讲者如数家珍，而我却暗想，英特尔推动创新的动机到底为何，是为了盈利还是社会责任？

于是我向迈克尔·雅各布森发问。我问，究竟怎样理解"社会责任"？如果企业向社会（消费者）提供了商品或服务就是社会责任，那么哪家企业不承担社会责任？问得唐突，讲者一时语塞，于是我用亚当·斯密的名言再解释我的问题。斯密说，我们的晚餐并非来自酿酒师和面包师的恩惠，而是来自他们对自身利益的关切。那么英特尔推动产品创新是出于对自身利益的关切，还是出于对社会责任的考虑呢？

迈克尔·雅各布森答，两者兼而有之。若从客观效果看，他、答得没错。但我认为主观动机与客观效果并非一回事。所谓主观为自己、客观为社会，说的就是商家自己要赚钱必须为社会提供有用的商品，否则你怎么能挣到别人的钱？这是说，企业要挣钱必须造福社会（利他），也正因如此，所以看一个企业是否履行了社会责任就不能单看客观效果，还应看主观动机。

简单说吧，所谓企业社会责任，就是企业做某事的主观动机必须利他，而不只是客观利他。举个例子，英特尔在中国资助培训 180 万名中小学教师就是企业社会责任。为什么？因为培训教师与英特尔的经营业务无关，也无直接利润回报。尽管英特尔会因此在中国赢得好口碑，客观上也会利己，但它的主观动机却是利他而非利己。

是的，但凡企业对公益活动（如慈善、救灾、教育、医疗等）的资助，皆为它所承担的社会责任。对此那天讨论时大家也无异议，不过对以下两个问题的看法分歧就大了：一是怎样看企业赞助大奖赛。具体说，就是英特尔赞助"英特尔国际科学与工程大奖赛"算不算企业社会责任？迈克尔·雅各布森认为算，理由是英特尔并非出于盈利的考虑。而有人认为不算，理由是大奖赛以英特尔冠名有做广告的性质。我的看法呢？我认为应该算。第一，主观上，英特尔的确没有赚钱的动机。第二，承办方也非营利机构。若不是这样，比如英特尔赞助电视台歌手大赛就不同了。众所周知，电视台乃盈利机构，赞助电视台那就是变相做广告而非社会责任。

第二个问题更复杂些。很多时候，企业的主观动机并非只利己不利他，或是只利他不利己，若两者并行不悖怎么看？这种情况确实有，那天迈克尔·雅各布森就为我们举了个真实的例子。英特尔两年前在非洲投资办厂，主观动机是盈利，但为了减少排污，公司又斥巨资对污水进行处理。此举算不算企业承担了社会责任？有人说不算，认为企业本来就不该污染环境。而我则认为不能一概而论，关键是要看企业是否有主观利他的动机。比如，当地法律若限制排污，英特尔那样做是迫不得已，算不上承担社会责任；相反，若当地法律不限制排污而英特尔自动限排，当然就是企业承担的社会责任了。

政府的社会责任

　　曾撰文讨论过企业社会责任，这里再说政府，是想换个角度谈社会责任。近几年学界谈企业社会责任的文章多，给人感觉，似乎企业承担社会责任是多多益善，而我却不这样看，以往企业办社会我们有教训，痛定思痛，这问题值得慎重研究。

　　不隐瞒自己的观点，在我看来，社会责任首先是政府的责任，至少理论上是这样。当年亚当·斯密说政府是守夜人，而弗里德曼讲，政府是我们的仆人。这是说，不管作为守夜人还是仆人，政府承担"国家安全、社会公正、公共产品（服务）以及助弱扶贫"等社会责任都义不容辞。

　　当然，这并不是说政府必须大包大揽，也不是所有社会责任政府都得事必躬亲。比如助弱扶贫，政府可以自己出手，也可让企业相助。典型的例子是养老，早年的养老院皆为政府投资，而今天私人投资的养老院比比皆是。公共品也如此，政府有责任提供公共品，但不等于政府就要直接生产公共品。

　　是的，社会责任既可由政府承担，也可让企业承担。那么企业怎样才算承担了社会责任呢？我之前在写《追问企业社会责任》

一文中说过，关键是看企业行为是否有主观利他的动机。若企业是为了自己追求盈利，那肯定不是履行社会责任；若主观动机利他，即便有盈利也是承担社会责任。

这判断我今天仍不变。事实上，企业为了盈利，无论生产什么客观上都利他，不然商品卖不出去，企业就不可能赚到钱。亚当·斯密有一句名言："酿酒师酿造香甜的美酒，并非出于他们的恩惠而是出于利己的考虑。"这样看，企业只客观利他不是履行社会责任，那是纯粹的商业行为。

有一看法，认为企业只有"贴钱行善"才算履行社会责任，这看法其实是一种误解。企业捐助公益当然是履行社会责任，而且也应得到鼓励，但我不赞成将履行社会责任简单地等同于"贴钱行善"。要知道，企业作为市场主体得自己负盈亏，"一次性"贴钱可以，长期贴钱怎么行呢？

于是这就带出了本文要讨论的话题。社会责任在政府与企业间究竟如何划分？经济学通常是从成本与收益两方面做权衡，而我则主张就从成本看。这不仅因为履行社会责任的收益难以考量，而且无论政府还是企业履行社会责任，其收益都一样，所不同的，只是他们各自的成本。

毫无疑问，以成本划分社会责任，思路肯定对。难题是生活中的成本种类多，五花八门，我们该选哪些成本做比较。这些天思来想去，与此相关的成本我认为有两种：一是沉没成本，一是交易成本。沉没成本是指付出后难以回收的投资。比如装地暖，设备一经安装投资就算"沉没"了，日后地暖不用成本也收不回。

交易成本大家不陌生，简单说，是指达成一笔交易所花费的成本，其中包括信息收集、广告推介以及与市场有关的运输、谈判、协商、签约、合约监督等费用。显然，除了直接生产成本外，所有其他费用皆是交易成本。为了与生产成本相区别，故也有人称此为"制度成本"。

为何可用这两种成本划社会责任呢？为方便理解，让我用案例做解释吧。

七年前我访问法国，听法国电力公司高管说，"法电"承担了社会责任。事情是这样，法国有边远地区的穷人用不上电，希望政府解决，而政府却把这件事交给了"法电"，"法电"也欣然接受。为什么？"法电"回答是，政府直接供电需架设专线，而"法电"有输电网，只要政府按成本价给企业补贴，企业不赔又能履行社会责任何乐不为？

听明白没？在这件事上政府与企业所以能一拍即合：第一，是企业有现成的输电网，而当初建输电网的投资是沉没成本。既然投资已沉没，给穷人送电对企业来说不过是举手之劳。第二，政府按成本价给企业结算，政府节省了（架专线）投资，企业也赢得了声誉，各得其所自然一拍即合。

由此看，企业乐意承担社会责任，是因为存在相关的沉没成本，若非如此，企业恐怕就不会那么爽快了。这里我想到的另一个例子是"垃圾焚烧"。垃圾处理事关公共环境，显然属于社会责任。可这责任该由谁承担呢？按上面的分析，若企业有焚烧设备（沉没成本），此事可交给企业，但若政府与企业均没设备怎么办?

这的确是棘手的问题,不过我认为仍可通过比较"交易成本"做选择。比如新建一间垃圾焚烧厂,设备投资(沉没成本)政府与私企也许相同,但由于政府投资建的是国企,私人投资建的是民企。前者花的是公款,后者是自掏腰包,预算约束不同交易成本定然不同。若国企的交易成本低就由国企承担,反之则由民企承担。

不过据我多年观察,一般来讲,民企的交易费用普遍要比国企低。也正因如此,所以诸如垃圾焚烧一类的社会责任我认为可交给民企。但要让民企肯接受,政府有两件事必须做:一是要承诺用财政资金购买民企的"服务";二是明确界定权利,允许民企向垃圾排放方收取适当费用。二者可选其一,也可双管齐下,而总的原则,是要让履行社会责任的民企有盈利。

最后再多说一句:企业可以承担社会责任,但政府也不应置身事外,一推了之。天下无免费的午餐,事可由企业办,钱得政府出。我这样讲读者朋友能同意么?

出口与外汇

▲

政府为何鼓励出口

评点人民币国际化

热钱涌入当以守为攻

假如发生美债危机

分工全球化与结构演进

▲

政府为何鼓励出口

中国经济 30 年高增长，论贡献出口居功至伟。然而，面对今天巨额的外储，不少人对政府以往鼓励出口的政策提出了质疑。其实这质疑并非始于今日，早在 1997 年外储不足 1400 亿美元时就有过争论。而今天外储 3.3 万亿美元，相当国内一年 40%的 GDP，学界对出口有非议也就可想而知了。

政府为何鼓励出口？骤然听是浅问题，然而似浅实深。从浅的方面答，人们通常认为拉动经济有三驾马车，而出口是其一。这是说，扩大出口可带动经济增长保就业。列宁曾说发达国家输出商品是为了转嫁国内过剩，这分析是对的。国内需求不足当然要从国外找市场，不然产品积压失业会增多。中国亦如是，生产过剩也得出口。可见，保就业是扩大出口的重要原因。

这是浅的方面。从深的方面看呢？经济学说，出口的初始动机并非转移过剩，而是分享国际分工的利益。的确是这样。试想一下，新中国成立之初政府为何要鼓励出口？是因为经济过剩么？显然不是。恰恰相反那时物质非常匮乏，出口的目的不过是为了创汇增加进口。说白了，政府是希望通过对外贸易享受国际分工的好处。这么说行外的朋友未必能明白，让我做点解释吧。

先从国内贸易说起。众所周知，亚当·斯密当年写《国富论》是从分工下笔，指出分工可提高效率。而且他有个重要观点：认为（产业）分工是由绝对成本（优势）决定。举例说。比如我和你，我种粮的成本比你低，织布的成本却比你高；而你呢，种粮的成本比我高，织布的成本却比我低。这样比较起来，我的绝对优势是种粮，你的绝对优势是织布。斯密说，只要按各自绝对优势分工，我种粮你织布，然后彼此用粮与布交换，双方皆可节省成本。

后来李嘉图对斯密做了拓展，指出决定分工的不只是绝对成本，还有比较成本。不过那只是成本比较的参照不同，这里不细说。要提点的是，无论斯密还是李嘉图，他们讲分工都有个前提，那就是交换。若无交换，即便存在绝对优势（或比较优势）也不可能有分工。还是举前面的例子，我专种粮而你专织布，但若我不能用粮食换你的布或者你不能用布换我的粮食，不能互通有无，我和你怎可能分工呢？

请注意，这例子暗含着一个重要推论：即商家生产商品是为了卖（满足别人的需求），而卖的目的则是为了买（满足自己的需求）。简言之，是"为买而卖"。所以这么说，是因为对商家来讲不卖就无法买，不买也就无需卖。事实确亦如此，在早期物物交换中我们可以看得更清楚，只是由于货币的出现，商家这种"为买而卖"的动机才渐渐被漠视了。

或许有人问，现实中很多商家卖了之后并没买，怎可说是"为买而卖"呢？不错，生活中是有这种现象，有人卖后并不马上买，而是将换来的货币存进了银行。不过，这现象也并未改变商家"为买而卖"的动机。商家选择储蓄是为了获利息，不是最终目的，最终目的还是为了更多地买。也就是说，储蓄只是购买的延迟而非购买的放弃。

回头再说出口。往深处想，国际贸易其实与国内贸易无异，出口也是为了进口。这推断我认为不会错，要不然你告诉我，一个国家若不想进口那出口的目的是什么？经济学讲参与国际贸易可享受国际分工的利益，是说你出口自己生产率高的产品而进口对方生产率高的产品可以双赢。若你只出口不进口，别人享受了你价廉物美的商品，而你却不去分享他国高生产率的利益，这岂不是赔本赚吆喝？

这正是当下中国的难题。不管怎么说，外储过多一定是外贸"出多进少"的结果。不过，此局面的形成并非我们不进口，政府曾多次表态要进口，可我们想进口人家不肯卖。问题就在这里，既然人家不卖，那我们还有何必要用政策优惠鼓励出口呢？经验说，一国外储能应付半年进口足够，而3.3万亿美元明显多了，出口政策不变将来会更多。

由此看，我们的政策的确应该调，而且刻不容缓。可眼下不少人担心，认为这样做会增加国内失业。不敢说没这种可能，但也未必一定如此。事实上，目前我们的出口商品并不全是"过剩产品"，国内也有潜在需求，只是老百姓没钱买而已。若能少出口而增加国内供应，物价必降；再设若能大幅提高城乡居民收入，近14亿人口何患没内需！

　　我说过，中国经济跃升全球第二后，未来出口会阻力重重。未雨绸缪，我们不妨重点扩内需。扩内需当然不是不出口，出口还得出，但不必再刻意创外汇。要知道，外储不过是人家买我们商品后给打的借条，不用于进口就是一堆"纸"。明知想买的商品人家不卖，我们要那么多"纸"有何用？

评点人民币国际化

前些日子中国人民大学校长陈雨露教授来党校做讲座，讲题是"人民币国际化战略"。原以为曲高和寡，听众不会多，可结果教室爆满大出意料。那天我是应邀做点评，自己曾是人大的学生，给母校校长点评不免忐忑。好在陈校长也在党校学习过，他是学员而我是教师，这样想也就心安理得了。

由于事前没拿到讲稿，没准备，所以我点评只能临阵磨枪。现在回忆，那天我似乎没说赞扬主讲人的话，并不是不同意他的观点，恰恰相反，有关的几个重要判断我们完全一致。之所以不赞他，是因为在我看来学术应该求异求新，而且当面赞扬也有吹捧之嫌。出于此考虑，我那天主要是对陈教授的观点做拓展，当然也谈了自己的看法。

主要是三个方面，让我分点说：

一、关于国际货币体系改革的目标。陈教授认为，当今国际货币体系虽"以美元为主，一主多元"，但未来将会走向美元、欧元、人民币"三元制衡"的格局。这判断我同意，不过与陈教授不同，我认为"美元为主"被打破，原因并不只是欧元、人民币要崛起，也有美国自身的问题。而最主要的，是美国今天有巨额的贸易逆差。何以如此？说起来原因很多，但归根到底是美元霸权使然。读者想想，数十年来美元一直"一主独大"，天下通吃怎会不逆差呢？而可肯定的是，美元长此必盛极而衰。就好比一个人，大脑是靠心脏通过动脉血管供血，然后由静脉血管回流到心脏，假如将静脉血管卡住大脑是不是要爆炸？

再说欧元与人民币，时下由于欧债危机很多人认为欧元未来会一蹶不振，甚至会解体。说实话，我不那么看。毕竟瘦死的骆驼比马大，而且欧洲的问题欧洲人会处理，欧元再度崛起只是时间问题，旁人不必杞人忧天。倒是人民币要不要国际化值得研究。我的观点，人民币是应该国际化的。人民币国际化中国不仅可取得铸币收入、避免汇价风险、减少外储，而且更重要的是在国际事务中可拥有更多的发言权。就冲着这一点，炎黄子孙没有理由不支持人民币国际化！

二、关于人民币国际化的步骤。陈教授说，人民币国际化要分三步走：第一步是周边化并同时成为计价结算货币；第二步是亚洲化并实行资本账户开放；第三步是全球化而最终成为储备货币。原则上，我也赞成这三个阶段的划分，但对每个阶段需多长时间却拿不准。陈教授说每阶段是 10 年，但为何是 10 年他语焉不详，讲座时只提供了经验数据。比如前两个阶段（从国际化起步到资本账户开放），日本用了 16 年，英国用了 18 年，德国则用了 20 年，于是他断定从 2010 年算起到资本账户开放中国也需20 年。

经验数据当然可参考，但国情不同，我认为不能这样简单推理。以日本为例，20 世纪 80 年代日本就宣布"日元国际化"，可 30 年过去日本今天的出口仅 40% 用日元结算，进口更低仅 20%。另据 IMF 数据显示，日元在国际储备中的份额不到 4%。可见日元虽说是国际化了，但程度其实并不高。由此看，中国人民币的国际化也不会一帆风顺，要成为国际储备货币会更难，所以我们要做长期努力的准备。

不是有意要扫兴。我的分析是这样，倘若有一天人民币真的国际化了，那么中国从国外进口商品就无需再付外汇而可直接用人民币支付。大家知道，人民币是一张纸，买人家东西给对方一张纸，说白了其实就是我们给人家打了张借条。说人民币国际化难，难就难在人家要肯接受我们的借条。举个例，李嘉诚在香港购物可以打借条而我却不可以。为什么？因为李嘉诚富甲一方，我一穷书生当然不行。同样道理，人民币要国际化，首先得自己有实力，要让人相信我们有兑付能力，否则我们想国际化也化不了。所以人民币国际化作为目标不能动摇，但我不主张列时间表，走一步看一步也许更明智。

三、关于金融开放后的国家控制力。陈教授强调金融开放后国家应保持高度的控制力。这观点无疑是对的，我赞成。但对人民币国际化是双刃剑的说法我有保留。所谓双刃剑，无非是指人民币国际化有利有弊，在给我们带来利益的同时也会带来负面影响。什么是负面影响？目前众说纷纭，但大家说得多的一是汇率难以稳定，二是政府宏观调控会被弱化。

是的，人民币一旦国际化，汇率确实难以稳定。蒙代尔不可能"铁三角"已证明，一个国家在"货币发行权、资本自由流动、汇率稳定"三个目标中，只能据其二，不可能三者同时得兼。显然，货币发行权中国不能放弃，而人民币国际化后资本要自由流动，这样汇率就不可能稳定了。于是有人担心，一旦即期汇率与远期汇率出现偏离国际投机资本就会来中国套利。我不怀疑会有这种现象，但这正好是市场机制稳定汇率的过程，不是什么坏事，算不上负面影响。

至于宏观调控的效果，我承认，人民币国际化后宏观调控会比现在复杂。比如国内出现通胀央行会收紧银根，但国内银根收紧境外人民币会进来，这样调控效果会打折扣。可即便如此，我也不认为是人民币国际化的负面影响，恰恰相反，只能说明现在的宏观调控需要改进。比如防通胀，央行其实只需将货币增长钉住经济增长，大可不必反复调币量，这道理我讲过多次，行内的朋友也应该懂，篇幅所限恕不重复。

热钱涌入当以守为攻

　　这些年国际热钱大举涌入国内，央行为守住汇率，不得已只好增发人民币，而人民币发行一多，跟着又形成了通胀压力。面对内忧外患，于是有学者提出让人民币国际化。人民币能走出国门当然好，一箭双雕，既可守住汇率，又能避免通胀。但可惜这事不能仅我们自己一厢情愿，别人若不接受，想国际化恐怕也"化"不了。

　　其实岂止是中国，据我所知，当今世界很多国家也梦想着自己的货币能成为国际货币。因为一旦梦想成真，背后必有巨大的利益。首先容易想到的是造币收入（纸币票面价值和印制成本的差额），比如一张钞票面额是 100 美元，而印刷成本只 1 美元，那么，造币收入便是 99 美元。如果谁有权得到造币收入，那么就可"点纸成金"，这将意味着可以随时享有别人的劳动与服务。

　　另一方面，世界上大多数的跨境收支，如国际贸易的货款结算，国际金融市场的资金借贷和本息偿还，跨国公司的利润汇出等，都是用国际货币来进行的，这样，国际货币必成一种紧俏资源，而谁要得到这种资源，就必须与国际货币发行国发展贸易往来。从这个意义上看，货币国际化不仅能加强发行国的贸易地位，同时也能提高其在国际舞台上的影响力。

是的，货币国际化的确好处很多。作为炎黄子孙，我当然希望自己的国家强盛，希望人民币能国际化。但愿望归愿望，作为一个学者，我不能违背学术理性而信口开河。曾研究过金融史，深知货币国际化要受一系列条件的约束。这些条件不满足，空中建塔，货币国际化无疑就是痴人说梦。具体说，至少有三条：

一是庞大的经济总量。理由简单，本币走出国门以后，将被世界各国所持有，因而形成对本国产品和劳务的潜在需求。这种需求独立于国内经济政策的引导范围之外，是很不稳定的，如果不以庞大的经济总量做支撑，需求的不稳定很容易演化为对国内市场的冲击，进而影响货币发行国宏观经济的稳定。这就好比一棵小树，一有微风吹来，便左右摇摆，但如果是一棵参天大树，即使狂风大作也会岿然不动。

二是与世界各国有密切的贸易联系。为此，国际货币发行国的生产效率，必须居于世界领先地位，只有这样，其他国家才愿意进口其先进技术和设备，进而愿意接受该国的货币，并形成一个相对稳定的贸易群体，群体内部才可能将该国货币用于计价结算。如果缺乏与世界各国广泛的贸易联系，本币"养在深闺人不识"，要走出国门，成为国际货币只能是一句空话。

三是有高度发达的资本市场。作为本币国际化的先决条件，货币发行国必须有高效的资本市场，其目的是为其他国家获得本币、用于国际支付提供便利。从国际经验看，世界三大主要的国际金融中心——伦敦、纽约和东京，都是与英镑、美元及日元作为国际货币的职能不可分的。当然，一个对外开放的资本市场，无疑会增加本国执行货币政策的难度，这就要有完善的金融监控手段和强有力的货币调控工具，能够应付各种金融震荡和冲击。

以上三条，缺一不可。回顾一下历史，我们会认识得更清晰。19世纪30年代，英国率先完成了工业革命，凭借它"世界工厂"的地位，英国人对外大肆扩张，"日不落帝国"的旗帜插遍了中国、印度和美洲，整个世界都变成了它的原料产地和产品市场，亚洲的茶叶、非洲的黑奴、美洲的种植园，无不在殖民者庞大的国际贸易网中。于是，伦敦成了世界的金融中心，英镑在世界范围内获得了广泛的使用。当时的国际贸易，有90%使用英镑结算，许多国家将黄金变卖成英镑，存入伦敦的银行。这样，英镑便成了独一无二的国际货币。

风水轮流转。第二次世界大战摧毁了英国人的梦想，但却没有妨碍美国人发财致富。到战争结束时，美国的对外贸易占全球的30%，工业制成品占到世界的半壁江山，成了世界真正的经济霸主，于是也就从此开启了美元统治世界的时代。在以后的30多年里，美元等同于黄金，其他国家的货币，只有通过美元才能与黄金挂钩，美元成了居于中心地位的国际货币，独霸世界而没有任何一种货币可与之抗衡。

写到这里，我想读者应该明白，人民币国际化是我们的目标，但短期不会成为现实。问题是热钱不断涌入，远水难解近渴怎么办？近来读了一些文献，见仁见智，什么主意都有，但依我看皆药不对症。不敢说我自己有何高招，我的看法是三个守住：一是守住房价，二是守住股市，三是守住汇率。为何一定要守？摆明的道理，热钱是为套利而来，且它不会投资实体，只可能进入房市或股市。可以想象，政府若将房市与股市稳住，以静制动，热钱再猛又怎奈我何？

至于汇率，我仍坚持宜守不宜升。近来美国总爱拿贸易平衡与我们说事，并以此相逼让人民币升值。曾说过多次，美国这是醉翁之意不在酒。其实，他们只要肯多卖些高科技，缩小逆差则易如反掌。再说，东南亚国家的出口品价格比中国还低，人民币升值，美国只能减少对中国的进口而同时会增加对东南亚的进口，这怎会减少美国的逆差呢？如此损人不利己，美国当然不会干，所以我推测其真正动机不过是为美国热钱套利。

最后再说一句，"三个守住"是底线，而当务之急是要研究怎么守。兵临城下，还望决策层能早做谋划。

假如发生美债危机

两周前赴美参加第三届"中欧美论坛"，三方学者云集在科罗拉多州的阿斯平镇，共商"全球事务变革中的国家责任"。按专业我被分在经济组，该组议题有三：一是欧债危机，二是中国经济前景，三是美债问题。会期虽不长，就两天，不过开得别开生面，会上常是唇枪舌剑，争论迭起。

争论归争论，现在冷静下来想，争论其实并不是研讨的目的，只是过程与方式。大家所以争论，无非是希望相互切磋找到共识。那天会议安排我做经济组的召集人，由于要主持讨论，自己不好多说，不过利用总结的机会还是谈了一些看法，不料当场就有人不赞成，本来就有备而去，当然不怕辩论，可惜没时间答辩。这里我把自己的观点写出来，做公开讨论。

首先谈欧债危机。说实话，给我的感觉，这次会上欧洲学者似乎有些底气不足，尽管一再表示欧洲有能力处理债务问题，但怎样处理却始终没说出令人信服的方案；加上事先答应参会的几个重量级人物没到场，欧洲方面显得有点势单力薄。比如当有美国学者批评欧洲投资环境时，只有意大利外交部国务秘书玛尔塔·达苏（Mart dass ù）做了简单回应，她表示不接受美国学者的指责，但我却没听懂她讲的意大利投资环境好在哪里。

是的，欧债问题的确很棘手，但我却认为并非无药可医。这里的关键，是要找到对症的办法。是什么呢？人们容易想到的是削减开支。能减开支当然好，可问题是减行政开支易，减社会福利难，特别在西方国家则难上加难。但若仅减行政开支而不减福利，杯水车薪怕是于事无补。发欧洲共同债券呢？南部欧洲国家会赞成，北部国家却未必答应。德国总理默克尔就曾说，只要她活着就绝不会让欧洲共同债券出现。

左右为难如何是好？我的建议是"债转股"。在会上我提醒欧洲学者研究一下中国的经验。20 世纪 90 年代，中国国企也是债务累累，要知道，中国国企的老板是政府，国企债务其实也就是政府债务。那么中国是怎样处理的呢？说出来很简单：1999 年中国国务院成立了四家金融资产管理公司，并由这四家公司把国企债务从银行那里买过来变成自己对国企的股权，然后再对股权进行重组。于今十多年过去，这四大公司不仅盘活了大量的不良资产，而且皆有不菲的盈利。债转股在中国能成功，欧洲为何不能？大难当前，欧洲应该拜朱镕基先生为师！

再谈中国经济的前景，英国《金融时报》副主编飞利浦·史蒂芬斯（Philip Stephens）在会上向中国学者发问：中国经济会否继续高增长？这问题其实也是许多欧美学者的疑问，说白了，他们是在问中国经济会否硬着陆？我的回应是：第一，年初中国政府提出"稳增长"与前几年"保增长"不同，是希望将过高的速度降下来，以便调结构；第二，今年二季度增速虽下滑至7.6%，但仍在年初设定的增长目标7.5%以上，不是硬着陆；第三，若说中国此前30年高增长是靠工业化带动，那么此后30年则靠城镇化带动，主要靠扩大内需。

于是会上有人追问，中国将如何扩大内需？对此我又做了两点解释：第一，中国积极的财政政策不会变，但重点会有调整，即从原来主要通过发国债刺激政府投资，会转向结构性减税刺激民间投资；第二，央行会继续推行稳健货币政策，且将CPI控制在4%以内。之所以要保持CPI4%，是因为消费者买涨不买跌，这样可刺激消费。与此同时，政府还将逐步提高城乡居民收入，目标是让居民收入与GDP同步增长。

最后再谈美债问题。有数据说，现在美元有一半是在美国境外流通，而国际储备货币中美元占到60%。这意味着什么？简单讲，就是美国欠了很多国家的债。以中国为例，中国现有3万亿多美元外储，其中2.2万亿购买的是美国国债或各类债券。问题就在这里，美国欠债后不去设法保全债权人的利益，却不断用通胀的办法稀释债务，仅去年一年中国持有的美国债券就缩水220亿美元。于是我向美方学者发问，为保证债权人利益美国是否应该约束美元发行？

你猜人家怎么答？哈佛大学理查德·古博（Richard Cooper）教授说，美元今天成为国际中心货币，是世界各国自由选择的结果，而中国是否用美元做外储，或是要不要购买美国国债，都是你们中国自己的决定，没人逼你买美国国债，所以美元贬值中国债权缩水是你们中国的事，与美国无关，也用不着在会上讨论。你听，古博教授是不是很霸道？他俨然是说，你中国愿意买美国国债，现在亏了钱怪不得美国，是中国活该！

这恐怕代表了不少美国人的心态。是的，美国作为全球经济的老大，美元的地位确实还一时无可替代，何况眼下欧元前途未卜，英镑不济，中国外储还得用美元。可我要问的是，即便如此难道美国就可恣意妄为不对债权人负责吗？奥巴马是不是美国选民选出来的？若奥巴马不对选民负责会是啥结果？可以肯定，若美国不对债权人负责，将来美元一旦信誉扫地谁还肯持美元？若真到了那一天，美债危机爆发，美国怕是要追悔莫及吧！

分工全球化与结构演进

今天学界谈论产业结构，似乎总也绕不开"配第—克拉克定理"。该定理说，一个国家随着经济发展，第一产业比重会下降；第二产业比重会上升，跟着第三产业比重也随之上升。作为一个学术观点，当然可以讨论；但值得注意的是，不少地方已将此作为衡量结构是否合理的标志，以为第三产业比重越高结构就越合理。我认为这是个误区，若不澄清会贻害无穷。

顾名思义，"配第—克拉克定理"与两位学者有关。一位是英国古典经济学家威廉·配第，1672 年他在《政治算术》中比较了英国农民和船员的收入后发现：以盈利而论，从事农业不如从事工业，从事工业则不如从事商业。于是他预言说：随着经济发展，产业重心将逐渐由有形产品生产转向无形服务的生产；当工业收益超过农业时，劳动力必然由农业转向工业；当商业收益超过工业时，劳动力会再由工业转向商业。

1940 年，同是英国人的克拉克出版了《经济进步的条件》，他按照配第的指引，对 40 多个国家（地区）不同时期三次产业的劳动投入和产出做了实证研究，结果所得结论与配第的预想完全吻合，于是学界将其合二为一，统称为"配第—克拉克定理"。之后，库兹涅茨、埃·索维等西方学者纷纷鼎力支持，众星捧月，使该定理在国际上得以广泛传播。

有众多著名学者的支持，照理这定理毋庸置疑。事实上，我也不怀疑该定理。既然不怀疑，可为何我说将此作为衡量结构是否合理的标志是个误区呢？所以这么讲，是因为该定理并非"定理"，而是"定律"。大家知道，科学上的定理是指用逻辑演绎证明的命题，通常表述为"若条件，则结论"（如科斯定理）；而定律则是对经验事实的描述，即归纳特定时空下大量事实所得的规律（如牛顿力学定律）。一言以蔽之，定理不受时空约束；定律要受时空约束。

显然，"配第—克拉克定理"属于后者，严格地讲不是"定理"。问题就在这里，若它不是"定理"是"定律"，那么就同样要受时空约束。这是说，与其他定律一样，一旦时空改变就会失灵。正是从这个意义上，所以我说一个地区调结构不必刻意迎合该定律。否则东施效颦，到头来只会弄巧成拙。不是吗？国内近些年实体经济逐步虚脱，其实就与各地盲目发展"三产"不无关系。有前车之鉴，我们怎可重蹈覆辙呢？

别误会，我并不是说"配第—克拉克定律"不可借鉴，能借鉴当然要借鉴。但要指出的是，该定律可否借鉴得首先弄清它的时空条件，若条件不清，我们也就无从做出判断。可令人遗憾的是，该定律的时空条件为何不仅配第与克拉克本人未做说明，学界也似乎无人研究。之前曾担心自己孤陋寡闻，最近又翻阅了大量文献，反复查找还是找不见。也好，别人没说我来说，不肯定对，但应该不会错，就当是抛砖引玉吧。

在我看来，"配第—克拉克定律"的约束条件主要有两个：一是发展阶段（时间）约束；二是分工范围（空间）约束。所谓发展阶段约束，是指该定律只存在于特定的发展阶段，在别的阶段不存在。这方面的例证，我首先想到的是农耕社会，那时虽有手工业，但并未出现机器大工业与服务业，"配第—克拉克定律"在农耕社会显然不成立。既然农耕社会不成立，当然就只是阶段性的规律。而且我认为，此定律只存在于工业化初期到中期阶段，工业化后期、特别是后工业社会，该定律也不成立。

为何做此判断？我的分析是这样：

说过了，"配第—克拉克定律"是对经验事实的描述。不过配第的这一思想并非直接来自经验事实，那时尚处在工业革命前夜，工业化要等100年（1776年瓦特发明蒸汽机）后才起步。真正根据事实归纳此定律的是克拉克，而克拉克所依据的事实则是工业化初期到中期的事实。换句话说，克拉克只验证了工业化初期至中期的结构演进，而工业化后期会怎样他并未验证。可我们今天所看到的事实是，欧美制造业正在回归，从证伪角度看，此定律恐怕也不存在于工业化后期。

转谈分工约束吧。此约束有两层含义：一是结构演进要以分工为前提，即没有分工就没有结构演进；另一含义，是分工范围决定结构演进的主体范围。具体讲，在工业化初期到中期，分工范围若只局限于某地区，"配第—克拉克定律"会适用于该地区；

但若分工范围扩大，当一个国家形成了地区间的分工，则"配第—克拉克定律"就只适用于这个国家而不再适用于某个地区；同理，当分工范围扩大到全球，那么"配第—克拉克定律"反映的是全球趋势，也就不再适用于某个国家。

用不着讲复杂的道理，让我用一个例子来解释。假定一个国家有甲、乙、丙三个地区，甲地比较优势是农业；乙地比较优势是工业；丙地比较优势是"三产"。设若这个国家已经形成了地区间分工，这样甲、乙、丙三地则大可不必拘泥于"配第—克拉克定律"。从单个地区看，虽然每个地区都不符合此定律，但只要这个国家没有深度加入国际分工，那么整体结构演进仍会与定律一致。

写到这里，我们似可得出以下结论：第一，"配第—克拉克定律"是阶段性规律，绝非永恒不变；第二，此定律适用范围由分工范围决定，故也并非放之四海而皆准；第三，基于以上两点，中国的产业定位应立足比较优势，断不可削足适履、生搬硬套。

从教者说

▲

讲课"三戒"

谈"学术功底"

向经典学什么

论学术框架

关于"讲课艺术"

▲

讲课"三戒"

在中央党校任教十八年，我最深的感受，是讲课难，讲好课更难。二十五年前曾在高校工作过，也是教书，不过现在想起来，当时的压力并不像今天这么大。照理说，十八年教龄已不短，在校内外讲课无数，算得上久经沙场。可到如今，每逢上课却仍是诚惶诚恐、如履薄冰。不知别的教员怎样，反正我自己上课的前一晚肯定会睡不好。何以如此？我反复想过，在党校任教虽然也是上课，但却有许多不同于高校的地方。

最明显的不同，在高校做教师，面对的是一群年轻学生，有统编教材，目的是传授知识，上课虽未必照本宣科，但那也是一章一节地教，按图索骥，讲得够清楚，学生考试好就会大受好评。这样两三个学期下来，教师对教材就差不多了如指掌，讲起来驾轻就熟，自然不会有何压力了。可在党校任教，教员讲授的是专题，题目总在变，没有现成的教材，讲义得自己写。更困难的是，党校学员不仅学历高，而且长期在第一线摸爬滚打，阅历丰富，甚至有的还直接参与政府决策，面对这样一个特殊群体，怎会没有压力呢？

　　有一种流行的看法，说党校与高校的区别，是高校注重学术，而党校强调政治。骤然听，似乎是那么回事，但仔细想，却似是而非。在我看来，党校讲课对学术的要求其实比高校高得多。说过了，高校讲课是传授知识，教师即使不做学术，照样可把课讲好。而党校讲课则是研究问题，没有学术功底是不可能讲好课的。党校姓党，教员当然要守纪律，不可信口开河，但这绝不等于可以忽视学术。政治是什么？中央讲"发展是执政兴国第一要务"，这是说，发展就是最大的政治。一个国家要富强，首先得尊重规律，而学术的本质就是揭示规律。由此看，政治与学术并不矛盾，那种违背规律的空头政治，不要说学员不爱听，我们自己也不爱听，更不会信。

　　时常听到有学员抱怨，党校教员讲课容易脱离实际。是的，换个角度看，这也正是党校讲课难的原因。事实上，高校教师也会有脱离实际的现象，他们联系实际的本领未必强过党校教员，可为何学生没有这种反映呢？说起来，这其实不难理解，高校学生没走出过校门，他们关心的是考试，所以老师联系实际的好坏，他们无从判断，也无所谓；而党校学员都是党政官员，带着许多实际问题来，而且都希望在党校找到答案。这样期望越高，失望也往往越大。要指出的是，面对学员的抱怨，我们的教员总以为是自己没在基层工作过。这样想也没有错，可并不仅仅如此。理论脱离实际，既有可能是对实际缺乏了解，但也有可能是对理论掌握不透彻。

　　说到这里，有个现象不知大家注意到没有？这些年，党校派了不少教员到地方挂职，补"实践"的课。这些教员返校后，有的教学效果是明显提高了，不过也有少数人，讲课却未见有大的改观。为什么？说到底，还是理论功力不够。别的学科我不知，经济学我清楚，像弗里德曼、科斯这样的大师，也不曾在基层工作过，可他们联系实际的水准绝对一流。所以如此，我看还是得益于他们的理论功底。有理论在胸，看现实便入木三分；否则，哪怕你触摸到了实际，也往往是雾里看花，不明就里。

党校讲课难，再一方面，就是文风。最近习近平校长强调要树立优良文风，而李景田常务副校长则倡导党校带头。以前我总认为，是领导在台上做报告，需改进文风的是领导，文风改进的重点，是在台上而不是在台下。其实，我们教员平时讲课不也是在台上么？既然在台上，当然也就有改进文风的必要。说我个人的体会，党校教员要改进文风，至少做到三戒：一戒空对空，二戒就事论事，三戒人云亦云。此三点很重要，让我展开来说说。

所谓"空对空"，不是一般地讲空话套话，而是特指用文件解释文件。党校教员有没有这种"空对空"的现象？最近翻阅了一些教员的讲稿，发现问题还真不少。比如有的讲稿，通篇都是某文件指出，就是看不到教员自己的分析。殊不知，学员对文件也是非常熟悉的，从文件到文件地讲授，教员讲起来空空如也，学员听起来单调乏味。别误会，我不是说教员不能讲文件，讲文件是没错的，也应该讲。但学员进党校，不仅是要知道文件怎么讲，还要了解文件为何这么讲？背后的理论支持是什么？若仅停留在文件本身，浅尝辄止，学员当然会感觉"空"、不止渴。

所谓"就事论事"，我指的是讲现实缺乏理论参照与历史参照，动不动就是"我认为"。这里有个误会，理论联系实际，很多人以为就是对实际开"处方"。有的教员为了急于联系实际，不做理论解析，不做历史比较，一开口就出招。学员说某些教员"情况不明胆子大，心中无数点子多"，批评的就是这种现象。其实据我所知，学员并不要求教员直接替他们出招，而是希望学会怎样用理论分析实际。前不久四川一位来党校学习的领导讲，由于公务繁忙，平日很难静下来读经典，来党校是想听教员多讲点经典，充充电。可有的教员呢？却十分热衷"看门诊"，结果欲速则不达，所出的招不管用，学员反而觉得脱离了实际。

所谓"人云亦云"，是说我们的教员缺乏独立思考，讲课很少有新话。有的讲稿一用就是两三年，一字不改。讲稿内容，不是领导人怎么说，就是别的专家怎么说，自己好像只是个传声筒，一堂课下来，学员摸不着边际，不知教员到底怎么看。出现这种情况，原因大抵有两方面：一是教员缺乏理论勇气，怕讲错话，不敢担当；二是对问题研究不深不透，没有主见，讲不出新话，也怕讲出来贻笑大方。古人云，师者，传道解惑。尤其是党校教员，若不下苦功做研究，只是将人家的观点照搬，学员怎会满意呢？设身处地地想，假如我们自己去听课，别人尽是陈词旧调，没一点启发，你会怎么想？

好了，篇幅所限，不再多说。要顺便说明的是，我写这篇文章，并不代表自己就做得好，更非经验之谈。现在改做教学管理，总得做些思考，而把自己的想法写出来，也算是职责所系吧！

谈"学术功底"

前文说，教员讲课需"三戒"：一戒空对空，二戒就事论事，三戒人云亦云。话虽好说，然而知易行难，真正做起来不容易。总的讲，党校讲课我以为要把握好三个维度，即理论维度、历史维度、现实维度。不结合历史与现实讲理论，理论没有针对性，那是无的放矢；而离开理论与历史讲现实，又难免就事论事，缺乏深度。学员评价某堂课讲得好，通常是三个维度结合得好，否则顾此失彼，就算你口才再棒，学员也会觉得美中不足。

之所以要强调这三个维度，是因为在我看来教员讲课的思想性确实要比"口才"重要。十多年前我在经济学部管教学时，杨春贵副校长就曾对我说过，教员讲课思想性是第一位的，口才在其次。是的，我也有同感。只要你有研究，哪怕有点口吃也无妨，学员也肯定；若对问题无研究，即使你口若悬河，学员也不会认可。事实上，这些年党校有些课学员评价不高，大多不是教员口才差，也不在教员的表达风格，我曾听过张绪文教授的课，也听过陈雪薇教授的课，论风格，两位教授迥异，可学员既欢迎张绪文，又叫好陈雪薇。为什么？说到底学员注重的还是讲课的科研含量。

　　言归正传，还是谈"学术功底"吧。所谓"学术功底"，通俗地讲，就是"书底子"。不读大量的书，没有书垫底，就不可能有深厚的学术功力。在党校任教，大家肯定要读书，这点毫无疑问。问题是党校教员应该读哪些书？我个人的体会，最该读的是经典与历史。为何要读经典与历史？因为经典是前人浓缩了的智慧，至少已经过数十年、上百年的打磨，颠扑不破。这样，读了经典，我们就有了看世界的理论参照。读历史也如此。历史是一面镜子，懂得历史会让我们少走弯路。古人说，以史为鉴，可以知兴替。一个教员若不懂历史，就好比行走在深山里找不见路标，没人给带路，迟早要迷失方向。

　　这样看，一个教员学术功底如何，其实就取决于是否熟读了经典与历史。也许有人问，为何一定要用经典与历史来构筑"学术功底"呢？读当代人的书不也很有用么？我的回答是，当代人的书当然要读，但却不是构成"功底"的要素，读今天的论著，虽然可开阔视野，启发思考，但这类著作多是一家之言，未经时间考验，日后极有可能被推翻。由于没有得到普遍认同，不具权威性，所以不能作为观察现实的坐标。而经典与历史不同，经典已经固化了，历史也是死的，无论将来过去多少年多少代，经典不能改写，历史也不会改变。它们是结晶了的智慧与知识，这才是我们做学问的功底。

　　另一方面，对党校教员来说，唯有读经典与历史，达到究天人之际，通古今之变的境界，在讲台上你才能举重若轻。设想一下，假若讲解某个现实问题，你既有经典理论的指引，又有历史经验的佐证，讲起来你是不是会很自信、很潇洒？所谓胸有诗书气自华，说的就是这个道理。书读得多了，你更加自信，气质也会跟着提升，若再加上必要的讲课技巧，深入浅出、娓娓道来，你的课一定是满堂彩。我留心过，有的教员讲课学员不爱听，其重要原因就是既缺乏经典武装讲不透，又缺乏历史参照讲不活。这就好比盖房子，若无好的设计图纸，又无砖瓦灰石，怎能把房子盖漂亮呢？换句话说，如果教员理论上不占优势，与学员在同一平面上说事，你的课是很难博得掌声的。

再说"理论联系实际"。上文讲到，教员上课要把握三个维度，而理论联系实际，就是要借助理论维度与历史维度来研究现实维度的问题。如果把理论维度作为纵坐标，历史维度作为横坐标，有了这两个坐标，那么我们就可大致确定现实维度的方位。有个问题需要提点一下，不少人以为，理论联系实际就是要针对具体的事件开药方，其实这种看法是错的。要知道，具体的事件日新月异，总在变化，比如去年房价大跌，今年房价又大涨，若上学期你给学员讲怎么救房市，这学期又给学员讲如何打压房价，如此联系实际，你疲于奔命，学员也无所适从，到头来怕是费力不讨好，甚至授人笑柄。

那么究竟该怎样联系实际呢？让我先举个例子吧。比如用枪打鸟，鸟就是我们要联系的那个"实际"，经典就是枪与子弹，而历史经验，就是眼睛、准星、目标三点一线才能击中鸟。现在我们有了枪和子弹（经典），瞄准方法（历史经验）也有了，可就是那个鸟（目标）不好把握，因为鸟是飞动的，活靶难打，怎么办？我想到的办法，就是要等那个鸟停下来，只要它停住，我们就可在固定的位置打固定的目标。问题在于，鸟何时会停下来？会停在什么地方？懂点历史的人知道，鸟通常会在夜里归巢，这样，我们就直接打鸟巢好了。当然，这只是一个比方。我想说的是，联系实际不必直接联系某件具体的事，而是要联系背后的政策与机制。政策与机制就是那个鸟巢，具体的事会不断变动，可政策与机制相对稳定，只要抓住政策与机制，咬住青山，讲课的针对性照样有，而理论分析的命中率则可大大提高。

把理论联系实际定位为理论联系政策（机制），是我多年来讲课的心得，管用不管用不敢保证，不过若有哪位教员正为联系实际犯难，我想这个办法倒是可以试试的。

向经典学什么

原本是想写"怎样导读经典",可动笔前却忽然改了主意,决定还是从听者的角度谈,说说向经典学什么。所以这么做,一是自己虽从教近二十年,资历不算浅,但党校藏龙卧虎,写"怎样导读"有说教之嫌,不妥,也不敢;二是我曾在中央党校学习一年,与学员朝夕相处,知道当时同学对讲经典有何期待,而这些并非所有教员都了解;三是先说向经典学什么再谈怎样讲,这样也似乎更加顺理成章。

关于怎样学经典,当下有个流行说法,就是要学作者的立场、观点、方法。从读大学起我就听到这样的教诲,但在今天看,这说法虽不全错,但也不全对。比如以"学立场"为例,立场是指人们的利益站位,即代表谁说话。这样看,马恩经典作家的立场无疑是站在工农大众这边,学习他们的立场当然没问题,不仅应该学,而且必须学。可问题是除了马恩经典外,学界还有许多其他经典,这些经典我们要不要学?如果要学,是否也包括学习他们的立场呢?

这样提问,并非刻意吹毛求疵。举我知道的例子。凯恩斯

1936 年出版的《就业利息与货币通论》，是学界公认的经典，也是宏观经济学的开山之作。有人说，凯恩斯写此书是为当时西方资本主义国家统治阶级服务的，对此我不怀疑。可是《通论》不仅一度被西方国家奉为国策，而且在应对亚洲金融危机与美国金融危机时，我们中国也借鉴了。这怎么解释？看来，学经典未必一定要赞同作者的立场，只要它提供的分析工具有用，我们也可以学。

再说"学观点"。学经典当然要重视学观点，但要指出的是，经典的观点都是根据当时的历史条件并按一定的逻辑框架提炼的。如果今天的条件仍与历史相若，经典的"观点"就得坚持；但若不是这样，那么就得结合实际加以修正，不可照搬。近些年不断听到有人说，某部经典的某个观点错了。其实，如果你再去细读文本，并从作者的分析前提出发，依照经典的学术框架，会发现作者的推理并没有错。你所以认为错，不过是约束前提变了。

比如按劳分配原则，这是马克思在《哥达纲领批判》中提出的。可当前中国实行的并不是单一的按劳分配，而是按生产要素的贡献分配，这是否证明马克思的观点错了呢？不是的。因为马克思的分析前提是生产资料全社会公有，而中国现阶段却是多种所有制并存。前提不同，推论当然不同。毛泽东曾提出反对教条主义，陈云也讲"不唯上，不唯书，只为实"。我体会，他们绝不是反对学经典，而是强调要立足实际，不要固守经典的某个具体观点与词句。

至于"学方法"，原则上我赞成，但需要分层次。一般地讲，方法有三个层面：一是哲学层面，即世界观。比如学马恩经典，重点要学辩证法与唯物史观，而对其他经典中唯心主义的东西，就不能学。二是学理层面，即经典的学术框架与推理的逻辑路径。三是技术层面，这主要是指具体的分析手段，比如经济学中的边际分析、定量分析等。个人以为，领导干部学方法，关键是学前两个，那是"论"与"道"。技术方法属"技"和"巧"，也可以学，但不能喧宾夺主。

以上说的是怎样学经典，若转从教员的角度看，那么经典该怎样讲呢？要讨论这个问题，我认为有两个情况要先明确：第一，党校学员不同于高校学生，学生以读书为天职，而党校学员主要职责是工作而非读书；第二，党校的学制短，教学时间有限。高校讲一部经典通常会用上一学期甚至一学年，学生有足够的时间读文本；而党校不同，讲一部经典通常只用两小时，学员也不可能通读文本。由此决定，党校讲经典就不可能像高校那样一章一节地讲，那样既不必要，也不现实。

然而困难在于，讲经典必须贴近文本，不贴近文本，教员很容易把经典讲成概论。可要完完全全照文本讲，教学时间又不够。巧妇难为无米之炊，怎么办？思来想去，我认为唯一的办法就是抓重点，即既贴近文本，而又不面面俱到。这几年我在党校听过不少课，很多老师过去其实也是这么做的。现在的关键，是要研究重点该怎样抓，结合自己的教学实践，有三个方面我认为重要，让我分点说：

其一，要先交代经典针对的问题与背景。一部经典得以传承，一定有它的针对性，不可能是无病呻吟。既如此，那么教员讲经典就得先告诉学员作者针对的问题是什么，为何要针对这个问题，当时的历史背景又怎样。这么做不是要故弄玄虚，而是有助于集中学员的注意力，让学员带着问题听课。但要注意的是，背景介绍的话语不能太多，要反复锤炼，引人入胜，不然泛泛而谈，头开不好，学员没了兴趣后面就难以驾驭了。

其二，要讲清经典的核心观点与学术框架。党校授课时间有限，在课堂上只能讲核心观点。为把学员带入文本，教员一方面要依托经典本身的学术框架（推理路径）讲，同时，整个推理过程也要紧贴文本，要善于在关键处引"原文"。这样才能把推理过程变为导读过程，让学员不仅明白经典的"观点"从何而来，而且能学到经典的分析框架。

其三，要联系实际并有自己的观点。学理论要管用，理论不管用，你讲得天花乱坠也不会有人爱听，所以讲经典必须联系实际。不过联系实际不能强行对接，既可联系工作实际，也可联系思想实际；另外，教员讲经典还得有自己的观点。评论经典不要说套话，要重点指明经典的前提与今天的实际有何异同，哪些结论应坚持，哪些结论应发展、怎么发展。

教员若能把握这三条，经典就应该算讲清楚了。当然，讲经典仅仅只是清楚并不够，还得有适当的讲课艺术，语言要尽量通俗，难懂的地方要举例子。总之，经典不仅要讲清，而且要讲活，唯有这样经典课才可能成为党校品牌，大放异彩！

论学术框架

曾撰文谈"学术功底",本文再说"学术框架",两者有联系,但不完全是一码事。我自己的体会,当好一个党校教员,讲课必须要有学术框架,否则信口开河,满嘴跑马,别人怕是难以拿你当专家的。尤其在中央党校,学员来自五湖四海,很特殊,不仅见多识广,而且也都能说会道。他们进党校学习,不是对问题没思考,而是想听听教员的理论讲解,当教员的若无学术框架,就事论事,怎可能让人心悦诚服呢?

时常听学员讲,党校教员的优势是懂理论。何为懂理论?说白了就是有学术框架。不错,这正是我们教员讲课与领导干部做报告不同的地方。比如同样讲中央文件,领导干部重点在传达中央精神,部署落实,而教员则侧重学理分析,不仅要讲中央精神是什么,而且要回答为什么,即重点在分析中央精神背后的学理根据。换句话说,党校教员讲课区别于领导干部讲话,关键在教员有专家视角,不是简单地用文件解释文件,而是力求从学理上讲深讲透。

问题是,究竟什么是学术框架呢?我理解的学术框架,一句话，就是学者观察世界的理论坐标。不过这不是指某个点，而是一个参照体系。举个例，历史上有"庖丁解牛"的故事，庖丁解牛何以能得心应手？绝对不是因为他肯用蛮力，而是熟知牛的生理结构。再比如画画，一个画家要把人画好，了解人体结构比例便是基本功。教员讲课也如是。一个问题摆在面前，若不先找到学术框架，讲起来就会没章法，学员听起来当然也就懵懵懂懂不得要领了。

还是说我自己的经验吧。当年读大学，课余时间几乎全泡在图书馆读期刊，那时候有件事让我很困惑，就是读张三的论文觉得张三对，读李四的论文觉得李四对，而张三与李四的观点大相径庭我却无从判断对错。为此，我曾苦恼了很长一段时间，也怀疑过自己是否适合做学问。到了大二，斗胆把自己的困惑告诉了老师，老师说：那是你没读经典，没有学术框架。一语点醒，从此我改弦易辙，埋头读经典。几年寒窗，果然自己对许多问题渐渐有了判断。

是的，无论我们做研究还是讲课，都得有学术框架。没有学术框架，看问题就如老虎吃天，往往无处下口。说得再形象点，学术框架就好比一张交通图。你要去天安门，从颐和园出发怎么走？假如你手里有交通图一看便知。这是说，若有学术框架在胸，分析问题也就有了逻辑路径，这样我们不仅不会迷失方向，而且可以少走弯路或不走弯路。即便不小心走错了，也能按学术框架随时校正，至少不会闹出南辕北辙的笑话来。

写到这里也许有人问，学术框架既然如此了得，那么框架从何而来呢？我的回答是，假若你天赋足够高，又有深厚的学术功力，你可以自己建框架。但若非如此，则另有一条捷径，去借用经典著作的框架。我们说，经典之所以称为经典，首先是它结晶了前人的智慧，经历了数十年甚至数百年的考验，颠扑不破；同时经典还有一个共性，那就是都有自己的学术框架。古往今来，没有学术框架的论著，哪怕曾经轰动一时，但大浪淘沙，最终很少有立得住的。

我这样讲，当然不是说有学术框架的著述就一定能成经典。我的意思是，被传承的经典，一般都有学术框架。以经济学为例，亚当·斯密研究分工与贸易，用的就是绝对成本的框架；而李嘉图用的则是比较成本的框架；马克思研究剩余价值，用的是"商品二因素与劳动二重性"的框架；而庇古研究社会福利，用的则是收入均等化的框架；再有，马歇尔研究价格，用的是局部均衡的框架，而凯恩斯研究就业，用的则又是宏观总量平衡的框架。

不用再举例，经济学是这样，其他学科的经典我想也如此。所以要想掌握学术框架，只有多读经典，舍此无他。经典读得多了，日积月累，你知道的学术框架才会慢慢多起来，碰到问题，你才能信手拈来，游刃有余。想想看，当下党校真正叫得响的教员，有谁是不重视读经典的？最近我们正在选编中央党校"老讲稿"，我发现，新中国建立初期党校的那些名师不仅个个熟读经典，而且讲课的学术框架也都非常清晰。他们讲课受欢迎，这应该是原因之一吧！

另外还有个问题，本不必说，但细想还是说说好。上文提到，但凡经典皆有学术框架，可经典著作很多，教员讲课如何选择呢？我以为有两个原则：首先，要先选本学科经典。对一个问题，不同学科经典的分析框架往往不同，教员备课最好选本学科的经典。不是别的学科经典不能用，而是隔行如隔山，用起来未必顺手。其次，要找准问题对应。即是说，你分析的问题要与经典所分析的问题类同，不然张冠李戴，反而容易弄巧成拙。

最后说一句。学术框架是我们做教员的必备工具，也是看家本领。古人讲：闻道有先后，术业有专攻。假如你现在讲课还没有学术框架，不要紧，也不必懊恼。只要从今天起重视起来，虚心向经典学习，向同行学习，下足功夫，待以时日你必有意外的惊喜：不仅课会讲好，研究也会更上一层楼。不信你就试试看！

关于"讲课艺术"

讲课有没有艺术这回事？我的看法当然有。虽然我曾说过，一堂课讲得好不好，首先要看教员是否有思想，能否对学员有启发，口才在其次。但这并非说口才就无关轻重，相对思想性，口才的确在第二位，不过，一个教员要是既有思想，又有口才，两全其美岂不善哉？

我们都曾做过学生，撇开大学不说，从小学到中学，为何有些老师讲课我们爱听，有些老师讲课我们却不爱听？照理中小学老师讲的都是教科书，是传授知识，彼此思想性不应有太大差别，可受欢迎的程度为何会不同？说到底，是教师讲课的艺术有高下。其实不只老师，日常生活中这样的例子多的是。比如领导做报告，同样讲经济形势，有人讲得妙趣横生，而有的却让人昏昏入睡。我曾听过朱镕基总理的报告，观点对错见仁见智，单论讲话艺术，我认为无可挑剔。最近《朱镕基答记者问》一书正在热销，不信你再读读看。

实不相瞒，年轻时我十分留意别人的演讲技巧。大学期间，曾读过不少名人的演讲录，不是我追星，而是他们的演讲实在有感染力。也曾试图寻找规律，苦思冥想，可直到毕业仍不得要领。所幸的是，读研究生时我的导师王时杰教授口才好，操四川口音，说话抑扬顿挫，听起来很有韵味。而他最大的特点，是讲问题总能化繁就简抓住要害，并恰到好处地给出例证。也是巧得很，那时我正好看到卡耐基的一本小册子《语言的突破》，一夜间大彻大悟，有如醍醐灌顶。我今天的讲课风格，自认为是得益于《语言的突破》的提点，当然更多是王时杰教授的真传。

其实说起来，讲课艺术并不神秘，不过由于人们审美情趣不同，对何为讲课艺术难有统一的标准。就像写文章，文无定法，我们很难说得清一篇文章要按什么标准写，但一篇好文章，却往往又能得到读者的公认。讲课亦如此，虽无一致的标准，但依我多年做教员的经验，有三条我认为最要紧：1. 三个清楚：想清楚，写清楚，说清楚；2. 深处求新，浅处求胜，通俗地讲就是深入浅出；3. 掌握节奏，推动互动。字面看，这三条简单得令人吃惊，但要做到出神入化却非一日之功，需反复操练。为表达方便，下面让我分点谈吧：

第一，三个清楚。我认为这是对教员讲课最起码的要求。不能想象，教员自己没想清楚的问题，会给学员讲清楚。退一步，即便教员想清楚了，那也未必能讲明白。因为从想清楚到说清楚，中间有个环节就是写。今天学校为何要求教员写讲义，我想这不单是为了方便学员预习。更重要的是要督促教员把问题想透彻。诸位应该有这样的经历，有时某个问题自以为是想清楚了，可一旦落实到纸上，却发现写不清。写不清怎能说得清呢？

　　写到这里，有个现象要说一下。当下我们有的教员讲课只注重PPT（课件），却不重视写讲稿。事实上，讲稿比PPT重要得多，写讲稿的过程，本身就是研究过程，不下功夫写讲稿，研究做得不扎实，PPT再花哨有何用？徒有其表，课不可能讲得好。经验说，教员即使能把问题百分之百讲清楚，学员也只能理解90%；教员若只讲清90%，学员则只能理解70%；教员要是一知半解，那么学员一定是不知所云。由此看，教员要讲好课，写讲稿绝不可敷衍，只要讲稿真写得好，哪怕你在台上念，我想学员也不会给低分。

　　第二，深处求新，浅处求胜。这是说，在备课写讲稿前，研究要深入，要勇于求新。但在写讲稿或讲课时，语言要浅白，要通俗易懂。牛顿说过，把简单的问题复杂化可发现新领域，把复杂的问题简单化可发现新定律。是的，研究问题应从简单到复杂，想得愈深入愈好，但讲课相反，表达则是愈通俗愈好。真佛只说家常话。大家去看看《毛泽东选集》，看看《邓小平文选》，是不是一读就懂？其实毛主席讲"枪杆子里面出政权"，邓小平讲"白猫黑猫，抓住老鼠就是好猫"，语言虽朴实无华，但道理却博大精深。

　　关于讲课艺术我自己有一点体会，就是要把讲理论与讲事件结合起来。一堂课两小时，假若从头至尾光说理论，课堂会显得太沉闷；但若通堂都讲事件而不讲理论，学员又会感觉肤浅。而且还有个技巧，就是要善于用小事件来讲大道理，比如亚当·斯密讲分工理论，用的就是工厂制针的例子；科斯讲产权理论，用的是工厂排污的例子。别看这些例子很平常，但你若能用好这些例子，讲起课来如有神助。

第三，掌握节奏，推动互动。教员讲课要注意调节课堂气氛，有两个要点：一是讲解的节奏，二是课堂互动。记得卡耐基说过，成年人集中注意力一般每 15 分钟为一个单元。意思是说，超过 15 分钟，人的注意力会分散。既如此，那么教员讲课就得把握这个节奏，每过一刻钟，就不妨放松一下，或讲个笑话，或插入一个小故事。不过笑话与故事要紧扣讲题，不得游离太远。至于推动互动，办法很多，既可向学员发问，也可让学员提问。不过这并不是最好的互动形式。想当年，朱镕基总理来党校讲课，就不曾让学员提过问，可大家不时报以热烈的掌声与会意的笑声，这其实也是互动，而且是最高境界的互动。

当然，我并不是说大家都得去仿效朱总理，他的演讲极富个人魅力，别人想学也未必学得来。本来，教员讲课就是为了传道，只要能把问题讲清楚，学员爱听，一切管用的讲课方式都应该是艺术。这样看，我们也用不着把讲课艺术看得太神秘而作茧自缚。

附录一

扩大内需与宏观政策选择

扩大内需与宏观政策选择[*]

1998 年中央首次提出要"扩大内需"，当时的背景，是为了应对亚洲金融危机。而 2008 年美国次贷危机引发全球金融风暴，中央又再度强调"扩大内需"。这样就给人们一个印象，似乎"扩大内需"只是针对金融危机的权宜之计。或者说，没有金融危机，政府就不必扩大内需。其实这种看法是错的。党的十七大报告已经明确指出：要"坚持扩大国内需求特别是消费需求的方针"。既然是方针，当然就不是一般的应急措施。

一、扩大内需并非权宜之计

这里有个问题，假如没有这次金融危机，中国要不要扩大内需？我想答案是肯定的。前些年，我们实施出口导向战略，中国经济的对外依存度不断提高。国家统计局去年 8 月公布的数字，说对外依存度超 60%。这个数字现在学界有质疑，但不管怎么说，

---

* 此文是 2010 年春季学期本人为中央党校省部级干部班授课的讲稿。

中国经济过度依赖出口是事实。只要欧美市场有风吹草动，国内经济就下滑，这样与其受人牵制，倒不如在扩大开放的同时，立足扩大内需。

（一）出口导向战略是一定历史条件下的选择

我不是说过去的出口导向战略不对，对任何一项政策，都应放到当时的历史背景下去评价。回顾"二战"后的经济史，其实所有在战后迅速致富的国家，都是靠出口导向战略起家。1945 年的欧洲，弹痕累累、满目疮痍，重建家园需要从美国购置大量的设备，相应的资金从哪里来？马歇尔计划是个开端，但也仅仅是个开端，源源不断的后续资金，靠的是欧洲对美的贸易顺差。美国张开其温暖的怀抱，给战后欧洲以极大的抚慰。

与欧洲同样幸运的还有日本。日本是一个资源匮乏的国家，面积狭小，国内市场容量有限，就在 60 年前，它也没发达到哪里去。但日本的成功之处就在于，它把握住了世界市场的每一个机会，从中东进口石油，向世界倾泻产品。不到 40 年的时间，曾经的战败国就一跃成了世界第一大债权国。其他的像"亚洲四小龙"，以及后来的"亚洲四小虎"，又有哪一个不是靠出口导向型战略起家的。

但是，真理再往前走一步，则可能是谬误。如果有谁认为，成功的经验可以一劳永逸，就大错而特错了。1997 年以前，几乎所有的人都众口一词，说 21 世纪是亚洲的世纪。然而，历史却开了一个近乎残酷的玩笑，亚洲的世纪还没有来临，金融危机却抢先到来了。东南亚等来的不是进一步的繁荣和兴旺，而是破产、失业、收入的下降和生计的窘迫！

任何成功的模式，都有它成功的土壤。战后的世界格局，是一个冷战的格局。为了对抗共产主义的阵营，为了让其盟友尽快富裕起来，以分担日益庞大的军费开支，美国慷慨地对其盟友开放了市场。那个时候的美国太强大了，强大得不附加任何条件。欧洲、日本和亚洲四小龙，都是因此而成功的。

然而成功却带来了新的问题，美国人很快发现，那些曾经依偎在他翅膀下面的小鸟，在羽翼丰满之后，不再需要他的保护，而是要与美国人分庭抗礼了。于是，美国的策略开始转变，对市场准入提出了越来越多的附加条件。而苏联的解体，又加速了这一转变的进程。共同的敌人不存在了，大家抱团的愿望也就不再迫切了。欧洲通过加快共同市场的建设，努力缓解了这一转变的冲击，而亚洲没有做出任何有效的反应，不得不面对越来越压抑的市场空间。昔日的土壤不存在了，曾经成功的模式，也就不再那么熠熠生辉了。

当今世界三大经济巨人，有两个在亚太。因此，中国要走向世界，首先必须融入亚太。而这种融入必须正视一个问题，就是亚太畸形的贸易结构。畸形结构的一极是日本，另一极是美国，前者长期保持着巨额的贸易顺差，而后者则是巨额的逆差。位于两极之间的国家，几乎全都是通过美国的逆差，来获得美元，支付给日本，以扩大日本的顺差的。问题在于，任何一个国家承受逆差和顺差的能力，都有一个限度，美国和日本也不例外。

可以设想，如果把一个人上半身所有的静脉血管都堵住，心脏只能通过动脉向大脑输血，而大脑的血液却不能往心脏回流，将会出现什么样的后果？用不了多长时间，心脏就会衰竭，而大脑将要爆炸！国际贸易也是这个道理，一旦美国再也无力承担巨额逆差，亚太地区的贸易，必将崩溃无疑。事实上，12 年前的东南亚金融危机，就已经向我们敲响了警钟。

当前我们面临的问题：一方面，受金融危机的打击，美国已经无力独撑天下了；另一方面，在亚太地区，如果要为出口导向型战略再造成功的土壤，唯一可能的"火车头"只能是日本。但与其相信日本会这样做，不如相信这种战略已经走到了尽头。

在经济全球化的年代，市场是最重要的战略资源。谁掌握了市场，谁就占据着最有力的竞争地位。而中国有近 14 亿人口，国内市场潜力巨大，几乎所有的国家都对它垂涎三尺。这可是个硕大的"金饭碗"，而且就在自己的眼前。如果对它视而不见、弃之不顾，总想去云游四方，到外面去化斋求缘，那么，万一化缘不成，待日后空腹而归的时候，原来的"金饭碗"还会属于我们吗？

（二）内需不足的因由：凯恩斯的理论解释

近两年，中央反复强调要转变经济发展方式，其中最基本的一点，就是坚持扩大国内需求。那么一个国家的内需为何会不足呢？要回答此问题，我想简单介绍一下英国经济学家凯恩斯的一本书，即《就业利息与货币通论》。20 世纪 30 年代大萧条后，凯恩斯主义应运而生。据说，凯恩斯这本书曾为战后西方国家创造了 20 年的经济繁荣。

1998 年为了应对亚洲金融危机，国务院推出了积极财政政策与适当的货币政策。于是有人批评说政府借鉴了凯恩斯主义与罗斯福新政。记得当时的国务院总理朱镕基同志来中央党校发表讲话时也提及过此事，他说："现在有人批评我借鉴了凯恩斯主义与罗斯福新政，我不说是，也不说不是。如果你们非要说是，那么我前面加几个字，即是'中国特色'的凯恩斯主义与罗斯福新政。"

我的看法，学术上任何一种创新，皆属人类共同的文明成果，何况凯恩斯是经济学一代宗师，中国要加以借鉴也无可厚非。那么，凯恩斯对国内需求不足是如何解释的呢？简单说，他把有效需求分为投资需求和消费需求，然后用三个心理规律，分别揭示了消费与投资不足的原因。

关于消费需求不足，凯恩斯把它归结为消费倾向递减。所谓消费倾向递减，就是指消费在收入中的比重不断下降。据凯恩斯说，当人们收入增加时，消费也会随之增加，但消费的增长，始终赶不上收入的增长，使消费在收入中的比重越来越低。这样，就导致了社会的消费需求不足。而投资需求不足，则是由"资本效率递减"与"流动偏好"所致。所谓资本效率递减，实际上就是指资本家预期的投资利润率递减。

对资本家而言，是否投资，取决于两个因素：一是投资利润率，二是银行利率。如果前者高于后者，就会考虑投资；否则，投资利润率低于银行利率，办企业无利可图，资本家就会收手，转而去吃银行利息。因此，投资利润率持续下降，是投资普遍不足的根本原因。

既然资本效率递减导致投资不足，那为什么不通过调低银行利率来刺激投资呢？凯恩斯说，这是因为"流动偏好"的存在，使得政府难以首尾兼顾。所谓流动偏好是说人们都有一种保留现金的爱好。人们所以要保留现金，大凡有三个动机：一是为了防止意外与突发事件，称为谨慎动机；二是为了应付日常开支，此乃交易动机；三是为了寻求更大的获利机会，故为投机动机。据此凯恩斯进一步分析说，由于流动偏好的存在，使得大量的货币收入滞留在人们手中，不能及时转化为储蓄与投资，因而压低了社会总需求，如若要人们放弃流动偏好，就不仅不能降低利率，反而还得提高利率，不然，老百姓是绝不会把手头的现金存进银行的。可见，正是由于资本效率递减与流动偏好交织并存，使得投资陷入了这种"两难"困境。

根据以上分析，产生失业的"病根"，是消费与投资不足，而消费与投资不足，又是市场机制自发作用的结果。既如此，解决失业问题，市场本身无能为力。于是，凯恩斯大声疾呼：政府应该站出来，为扩大需求助一臂之力。比如在扩大消费方面，他认为首选之策是增加工资，因为人们收入增加，购买力才能增加。同时他还指出，由于"消费倾向"递减，富人收入的增加，对消费的拉动作用很小，所以，他建议采用累进所得税的办法，劫富济贫，增加穷人的收入。

在投资方面，凯恩斯提出，当经济萧条时，政府应实行赤字预算与适度的通货膨胀政策，通过政府采购与政府投资，来拉动全社会的投资。并且他还认为，刺激投资与刺激消费相比，对扩大需求来说，前者更为重要。因为在他看来，投资不同于消费，它具有连锁的"乘数效应"。如政府投资电网改造，生产电网设备的厂家，就会增加销售收入，这样又可反过来扩大生产增雇员工。随着就业人数的增加，消费也将增加，于是又会相应地带动了服务业、金融业的发展，结果使总需求不断扩大。至于为什么要实行"适度"的通货膨胀，凯恩斯的理由很简单，政府增发货币，推动物价上涨，既可以刺激购买压低流动偏好，又可以降低利率增加投资引诱。

二、当前我国扩大内需的政策选择

前面说过了，从前年底以来政府出台的系列扩需政策，整体看效果是好的，目前经济已全面回暖。但据我所知，目前人们对政府的扩需措施还有一些分歧，我本人也觉得某些政策尚需进一步完善。

（一）扩大内需是重点刺激投资还是拉动消费

回想 12 年前，当时政府扩需的重点是刺激投资。有事实为凭，1998 年财政发行 1000 亿元特别国债，另有 1000 亿元配套贷款，都尽数用在了基础设施建设。跟下来几年，政府虽也强调消费的作用，并启动了消费信贷，但扩需的重点却仍在投资方面。

这回政府扩需却不同，比如近两年拿出四万亿元扩需，优先考虑的则是民生。而且中央说得很明确，要坚持扩大国内需求，特别是消费需求的方针。温总理也曾多次表示要重点刺激消费。我完全赞成把扩大消费作为扩需重点，但绝不是说上次重点刺激投资有何不妥，当时我们基础设施薄弱，加大投资当然是对的。

然而今非昔比，今天的情况变了，我们也不能因循守旧。当然，当下许多人对政府把消费作为重点不理解，恐怕还有一个原因，就是凯恩斯也曾主张重点刺激投资。其理由就是那个所谓的"投资乘数"理论。

对投资乘数，大学经济学课本皆有介绍，而且分析逻辑井然，无懈可击。可应该追问的是，投资能创造收入、放大需求，消费不也照样能够吗？假若消费者拿100万元去买私家车，那么汽车厂可得100万元收入。汽车厂有了这100万元，可再用80万元买钢材，20万元发工资，则钢铁厂可得80万元收入。接着推下去，100万元的消费带动的总需求，不同样也是500万元？可见，用投资乘数证明投资是扩需重点，多少有些瞒天过海的味道，理论上未必站不住。

事实上，投资与消费，都能拉动内需，至于何者更有效，须慎重权衡才可定论。至少有两点值得考虑：第一，短期看能否减少过剩；第二，长期看会否增加新的过剩。若以这两点判断，消费无疑比投资更具优势。投资虽可减少当期过剩，但日后将形成更大的供给，对原本过剩的经济会百上加斤。对此，凯恩斯曾提过一个办法，即政府把劳力组织起来去挖沟，然后再让另一批人把沟填起来。这样一挖一填，既耗费了社会存货，而又没有增加产品，故不会导致新的过剩。

不错，挖沟填沟可以扩需，但这种劳民伤财的事，政府怎可以去做呢？倘若政府不能做，那么就得改换思路，把刺激消费作为重点。问题在于，就当前中国的情形论，刺激消费也非易事。其中最大的难题，就是消费者收入普遍偏低。有人说，中国消费不足，是由于国人观念保守，不如欧美人潇洒。其实，这哪里仅是观念问题，纵然你开明，也想学人家阔佬富婆，一掷千金万金，可要是囊中羞涩，你学得了吗？

很明显，要刺激消费，必须先提高国人的收入。对此，学界翻来覆去讨论了好几年，而多数人的意见，是加薪没有钱。本来，上届政府就曾打算替大家加工资，结果也因缺钱而搁浅。钱到底是什么？直白地解释，钱就是资金，是物资与纸币的总称。由此想深一层，政府说缺资金，不一定是缺物资，也可能是缺纸币。计划经济时期政府说缺资金，那时缺的是物资；今天我们生产过剩，可政府仍说缺资金，那么现在所缺的，显然不是物资而是纸币。缺纸币与缺物资不同，物资缺了不可加薪，加了就会通胀。而缺纸币好办，只要印钞厂加加班，问题就不难解决。

的确，中国加薪的困难不在钱。真正的困难，是如何把钱加到低收入者头上去。政府公务员加薪容易，棘手的是工人农民怎么办？工人的薪酬是雇主给的，国家虽可出台最低工资法，但这样做会弄巧成拙，令更多的人失业。比如某餐厅老板原来雇人洗碗，每月花 600 元，若现在法定最低工资升至 1000 元，那么他很可能去买洗碗机而减少雇人。再有就是农民，农民要卖农产品才能有收入，而农产品价格却由市场定，政府管不了价格，想让农民增收也是力不从心。

当然，办法还是有的。最近几年，政府先后推出的粮食生产直补、免征农业税等，对农民增收作用显著，可谓居功至伟。过去，我们总以为提高收入就得加工资，其实，条条道路通罗马，不加工资，也是可以帮低收入者增收的。比如，政府加大对养老、医疗、失业等社保的投入，提高保障水平，进一步拓宽保障面，让社保不仅覆盖城市，而且也覆盖农村，这样，也就等于提高了城乡居民收入。

可以想见，中国近 14 亿人口，要是人们没有后顾之忧，老有所养，病有所医，大家一定会放心大胆地去消费，若果如此，拉动内需定有可观的效果，由内需不足所引发的诸多问题也可迎刃而解。

（二）刺激投资是继续增发国债还是加大减税

我们说扩需重点在消费，但这不等于可以不重视投资。那么如何刺激投资呢？凯恩斯说，投资需求不足的主要原因是资本边际收益递减。换句话讲，就是企业投资不赚钱。这样看，所谓刺激投资，就是要让投资者有钱可赚。为此，政府能做的无非是两件事：一是通过政府采购与投资以减少企业的库存与积压，二是减税以扩大企业的盈利。

于是问题就来了，增加政府采购与投资，财政支出会扩大，而减税则会减少近期的财政收入。如此，财政预算就会有赤字，为了弥补预算缺口，通行的做法就是发国债。去年财政举债9500亿元，今年国债是10500亿元，就是因为预算有缺口。可麻烦在于，财政借债是要还钱的，"李嘉图—巴罗等价定理"说，今天的债就是明天的税。今天财政发债越多，明天还债就得收更多的税。企业缴税多了投资就会减少，由此看，政府举债投资必挤占民间投资。

再想深一层，政府发债是扩大政府投资，减税是扩大企业投资，那么哪种投资效果更好呢？我的观点，是企业投资效果好。远的不说，以1998年为例，当时政府拿2000亿元搞了72个项目，到1999年的5月份，国家财政部和国家审计署联合做了一次跟踪检查。结果发现，72个项目当中，有20个项目资金严重被挪用，其中有10个项目，纯属三边工程。西南某省有一个项目，当时申报的时候，说是投资9个亿，到1999年5月，已经投进去10多个亿，调查组问他们的负责人还需要多少钱，他们回答说不知道，问什么时候竣工投产？也说不知道。真是让人哭笑不得。

何以如此？说到底这是一个体制问题。经济学中有一个基本假定，叫"经济人假定"，说人是理性自私的。如果从经济人假定出发，人们花钱办事一定会有四种类型：花自己的钱，办自己的事，既讲节约又讲效果；花自己的钱，办别人的事，只讲节约不讲效果；花别人的钱，办自己的事，只讲效果不讲节约；花别人的钱，办别人的事，既不讲节约又不讲效果。不信你看看，现在房改了自己装修房子的时候，是不是既讲节约又讲效果。我们经常听说有人装修办公楼时吃回扣，结果被法院判刑，可有谁听说过哪个处长自己家里装修吃回扣被纪委双规的呢？

减税可刺激民间投资，道理不难理解，不必多解释。而政府不肯减税，多半是担心减税后财政收入会减少。其实这种担心是不必要的。经济学的拉弗曲线已解释得很清楚，说如果税率过高，企业投资的预期利润会下降，投资利润下降，必然导致投资萎缩，投资萎缩，又会导致生产增长缓慢，政府税收也会因此减少；相反，如果降低税率，会给企业以新的刺激，投资会增加，经济增长加快，税源就会扩大，这样反而会使税收增加。

当然这只是理论上的分析，让我们再看美国的减税试验：一个是肯尼迪的"减税计划"，一个是里根的"经济复兴税法"。肯尼迪1961年上台的时候，正好赶上一次新的经济衰退，因此他提出要在三年内，使个人所得税的最高税率与最低税率，分别从91%和20%，下降为65%和14%。企业所得税，则从52%与30%，分别下降为47%和23%。财政部原来估计，由于减税，政府在5年中可能会减少890亿美元的税收，但事后政府的税收却反而增加了540亿美元。而里根政府1981年推行全面减税，结果，不仅遏止了经济衰退，而且给美国创造了从1982年年底开始，连续25个月高速增长的奇迹，到1984年经过调整后，经济增长率还高达6.8%，仍是"二战"以来美国最有力的增长。

（三）防通胀是执行"权变规则"还是"简单规则"

去年夏天，学界就曾有人提出要防通胀，而我却在多个场合表示过不同意见。并非固执己见，也非中国未来无通胀可能，而是那时国内经济刚企稳，"防胀"我认为不是当时的重点。看去年上半年的物价数据，CPI（1月份除外）与PPI双双为负，"同比""环比"皆如是。形势不乐观，故我担心操之过急会令通货紧缩，政府扩需效果会因此前功尽弃。

然而现在一年多过去了，正所谓此一时彼一时也。早在去年9月份举行的大连达沃斯论坛上，我注意到温总理的讲话，一方面，他强调宏观政策要保持稳定，但又同时指出要警惕和防范通胀风险。寥寥数语，却传递了一个重要信号，表明决策层已预感通胀的压力。本来也是，去年初央行计划全年新增贷款5万亿元，可年底接近10万亿元，这么多钱放出去怎会不拉高今年的物价呢？国务院年初说，要把全年的CPI控制在3%以内，而6月的CPI突破3%，为3.1%。

经济学说过，通胀始终是货币现象。若反过来理解，则是说防通胀其实只需一招，收紧银根。可难题在于，央行并不知道何时收银根才对，而且力度也不好掌握。有前车之鉴：比如20世纪80年代，当时政府为促进商品流通而扩大信贷，想不到1988年却酿成了一场全国性的抢购风潮。无奈之下，中央只好急刹车，可一脚踩下去，到1991年经济却又跌入低谷。1992年经济重新启动，但很快又出现过热，物价指数迅速超过20%。

1993年再次紧缩，到1996年见效，这次不仅通胀得到了遏制，而且经济增长仍达 10%。于是很多人弹冠相庆，以为宏观经济"软着陆"了。然而好景不长，人们很快发现需求不足悄然降临，企业效益迅速下滑，失业急剧增加。令人懊恼的是，正当我们调整政策试图再将经济拉起的时候，祸不单行，迎面却撞上了亚洲金融危机，1998 年又遭遇特大洪水。尽管中央采取一系列措施予以弥补，但萧条还是终成定局。

由此可见，中国经济的确存在这样一个"冷热循环"的怪圈。何以至此？有人试图用经济周期来解释，但问深一层，经济为何会有周期？我认为这恐怕与长期奉行凯恩斯的"权变规则"有关。凯恩斯说，经济生活仿如一条有着荣枯周期的河流，而货币供应就是一道闸门，政府作为"守闸人"，应时刻根据"河流"的荣枯状况，相应地关闭或开启"闸门"，从而平衡货币供求、缓解经济波动。

而弗里德曼却对凯恩斯的"权变规则"提出了批评，他早年曾研究过多国的货币资料，结果发现一国货币供应量的增减，并不能马上表现为物价变化，中间的"滞后期"需 12—18 个月。正由于有"滞后期"，所以政府在用货币政策调节经济时往往会做过头，要么刺激过度，要么紧缩过度。这样就带出一个问题，虽然我们能推断通胀到来的时间，但因为"滞后期"却很难找准紧缩银根的最佳时机。

政府目前所以举棋不定，也许原因就在于此。所以央行最近多次说，适度宽松的货币政策不会变。做这样的表态可说用心良苦，目的无疑是为稳定军心。不过表态归表态，若从经济逻辑看，宽松的货币政策不可能长期不变。想得到的，一旦物价回涨，央行怎可能无动于衷？要知道，物价上涨有惯性，若是放任不管，等通胀真的到来政府怕是措手不及。有过多次教训，我想政府这次绝不会再让自己被动的。

很明显，目前政府的处境确实很尴尬：一方面，要保增长不敢轻易收银根；可另一方面要防通胀又不得不收银根。左右为难怎么办？天下能有两全之策吗？当然有。我曾多次撰文推介过弗里德曼的"单一规则"货币政策，而且认为可取。弗里德曼说，欲调节经济央行不必频繁动用货币政策工具（利率、准备金率与公开市场业务），而只需在确定货币供应时盯着两个指标：一是经济增长率，二是劳动力增长率，并把货币增长控制在两者之和的范围内，除此之外，其他统统不要管。

弗氏的"单一规则"一直受到学界推崇，原因绝不单单他是大师。重要的是此规则曾在美、英等国试验过，而且结果证明行之有效。既如此，中国经济要跳出"冷热循环"的怪圈，有现成的理论何不借鉴一下呢？比如按弗里德曼的"单一规则"，今后我国经济增长率若为9%，劳动力增长率为7%，考虑到货币政策适当宽松，那么货币供应（M_2）增长率就应控制在16%以内。可以肯定，只要央行守住此防线，我们既可免通胀之忧，也不会致经济大幅波动。

附录二

▲

永远的导师

我为何练书法

黄家台杂忆

东山行游记

西江苗寨行

家乡的月亮

▲

永远的导师

前天上午天义给我打电话，说宋老已于凌晨 3 点病逝，听到消息我怎么也不敢相信。下午赶到世纪城看望师母，林岗、高德步也在，当时凝重的氛围让我意识到宋老真的是走了。这两天，我翻出当年宋老为我修改过的论文手稿，心绪难平，20 年前跟随宋老求学的往事像过电影，一幕幕直往脑子里涌。

初识宋老，是 1985 年秋天。那时我在中南财大读研，而宋老受教育部委派到武汉视察研究生工作。巧得很，不知当时校方是何考虑让我参加宋老的座谈会，接到通知我是受宠若惊而又诚惶诚恐。宋老是大名人，学界泰斗，我能有机会见他当然高兴。然而令我不安的是，自己在学问上毫无建树，参加座谈我不知说什么。后来我究竟说了什么已不记得，但宋老的话至今我还记忆犹新。也正是因为他的一番鼓励，我才萌发了要报考他博士生的念头。

1988 年我考进人大，与宋老接触的机会多了。当时他家住城里，办公室在人大红二楼，每周末才回城，周一到周五就住办公室。记得第一次我去办公室拜访，宋老见面就给我浇了一盆凉水。宋老对我说，虽然你考试不错，但理论功底还很差，得多读书。说完递给我一份事先准备好的书单，让我读完一本后再去找他。回到宿舍，才发现这些书与我的研究兴趣相去甚远，怎么办？问师兄，师兄说，你把内容提要与目录背下来就行了。于是如法炮制，第二周去与宋老谈书，果然顺利过关。就这样过了两个月，不幸的事还是发生了。一天下午宋老让我去谈书，我照例先说提要，再讲篇章结构，不料宋老这次却让我把第三章展开谈，我没看哪会说得出？露了马脚，宋老大发雷霆。

挨了批评，心里很委屈。其实，那些日子我每天都在读书，而且写了笔记。我通过副导师把读书笔记转给宋老，他看后让秘书把我找去。宋老说，那天批评你是我错了，我不了解情况，但你应该把实情告诉我。我说，您是导师，您开的书目我怎敢说不读呢？宋老说，学术上平等，你认为不重要当然可以说。不仅可以说，以后我们在学术上有不同的观点你也可以说，我不是学霸。的确，宋老是这样说的，也是这样做的。后来我写毕业论文，每当有分歧我就据理力争，只要我讲出道理，宋老会立马说"你是对的，我错了"。同届学友都说我是最敢顶撞导师的人，说我胆大，这哪是胆大，那是宋老在鼓励我独立思考呀。

宋老的学术成就不必说，而我最佩服的还是他讲真话的胆识。我看过一份材料，在1979年中央理论务虚会上，宋老第一个提出要为刘少奇平反。而戈尔巴乔夫出版《改革新思维》后，宋老又第一个站出来公开予以批评，并说戈是叛徒。要知道，戈当时还是苏共总书记，说这种话是需要非凡的勇气的。20世纪80年代末，宋老已年近八旬，可他仍利用参加各种学术会议的机会下基层调研，忧国忧民溢于言表。有一次他从深圳开会回京，我去机场接他，一见面他就怒斥当地物价之高，说他早餐一碗稀饭竟花了 50 元，这么高的物价老百姓怎么承受得了？之后他就在大会小会讲，呼吁政府要控制货币发行，抑制物价。

宋老在学界德高望重，桃李满天下，但他严于律己，绝不以"名"谋私。我知道的有两件事：第一件事是他的女儿评职称。他女儿在北京一家高校任教，也是教经济，有一次评职称，我们几个师兄弟劝他私下给打个招呼，可想不到宋老严词拒绝，结果他女儿的职称当年就是没评上。第二件事是我经手办的。宋老有个外甥女在芜湖退休，按当地规定可由她儿子顶岗，但要有领导点头。外甥女找到宋老，宋老却不肯出面，我得知后便给芜湖市长打了电话，结果宋老大发其火，说我作为一个党校教员不该为他办私事。多年以后，他还总拿这事提醒我，共产党人要立党为公。

宋老就是这样的一个人。外界不了解以为他冷漠，不热情，但其实他对学生历来关爱有加。1991 年我博士毕业，我们那届毕业生工作不好找，而我又偏想进中央党校。中央党校是党的最高学府，政审要求高，几经努力，党校也没有明确答复。我正欲放弃，党校却突然通知我报到。后来我才知道，是宋老亲自给苏星副校长写了信，并以一个延安老党员的名义担保我政治坚定。那天我在党校组织局见到了苏校长批转的这封信，情不能抑，眼泪哗哗地就流出来了。近些年不断有师弟（妹）毕业，九十多岁的宋老还四处打电话、写信推荐。今天大家一起谈起来，对他无不怀有感激之情。

2000年后，宋老身体大不如从前，是明显地差了。我和天义、省龙时常打电话要去看他，但他却总不让去，说是怕耽误我们工作。有一次师母悄悄告诉我，宋老其实是很希望我们去的，每次接到电话就会独自到楼下去等，有时一等就是半小时。近几年，宋老差不多就住在医院，我们去看他，他对自己的病痛只字不提，而谈得最多的还是民生福祉。他总说，我太老了，你们还年轻，你们肩负的责任很重，要好好锻炼身体，好好研究，多为国家做些事情。说这话时，宋老眼里充满了对年轻后辈的慈爱与期待。

人生七十古来稀。而宋老今年97岁，算高寿。宋老虽然就这样静静地走了，而他的道德文章将如同一柱标杆会永远树立在我们面前。

永远的导师，永远的宋涛，愿他安息！

我为何练书法

我这人没啥爱好更没特长，朋友总说我生活单调，缺情趣。想想也是，40岁前除了读书教书，琴棋书画样样不会。不想10年前学打"拖拉机"（双升），立即着迷，到今天"拖拉机"确实打得好，与云良兄联手所向无敌（一笑），可惜这算不得特长，上不了台面。也大约10年前，我开始练书法，自己临帖自己写，教我的不少，却没正经拜过师，作品至今也不敢公开示人。

说起来，我对书法产生兴趣比较早，始于中学。小学开过书法课，不过时间不长，那时造纸厂停产闹"革命"，学校买不到纸，书法课很快就停了。进了中学，有几位老师黑板字写得好，不少同学跟着练，我也练，不过更入迷，几近癫狂。有一段时间，老师在台上讲课我却在下面练字，不管不顾，老师讲啥全然不知。有一次老师点名提问我，我站起来竟不知问什么，一头雾水，于是张口结舌答非所问，引得同学哄堂大笑。

除了模仿老师，也临过一阵"庞中华"的钢笔帖，硬笔书法虽不讲章法墨法，但字的间架结构相通，今天我的钢笔字差强人意，勉强拿得出手，应该与那时下过功夫有关。再后来，就是应付高考。要考大学，谁也不敢掉以轻心，得全力以赴，整天做习题，练字就顾不上了，谁知这一丢就是 20 年。上大学时也有几位同学练书法，自己也曾跃跃欲试，可一看人家功底了得，自叹勿如，大概是自尊心作崇始终没敢开张，最后也就不了了之。

上面讲的是往事。还是言归正传，说说自己 20 年不练字为何人到中年又突然发神经？曾有好友私下问过我，是不是想拿字换钱？说实话，换钱的事真的没想过，也不敢想。人贵自知，书法我清楚自己搞不出啥名堂，更不会愚蠢地认为自己能成书法家。说出来你也许不信，10 年前我练书法完全是"压力"使然，是为了顾全"面子"，甚至连"兴趣"都谈不上。这里讲两件事，读者看了可能会懂我，至少不会认为我是故作谦虚编瞎话。

大约是 2000 年冬天吧，我与同事一道去广东考察，期间参观一家民企，本来兴致勃勃而去，结果却败兴而归。原来，我们参观完后正欲离开，不料主人却让我给题字，突然袭击，心里没准备，当时一听头就大了，背上直冒汗。我给主人说，我不会写毛笔字。可对方说，你是中央党校教授，哪能不会写字呢？不论我怎么解释他也不信，还误以为我对民企有偏见，或是不给他面子。最后，闹得很不愉快，大家不欢而散。

有了这次教训，但凡再有人让写字，若实在推不掉我就硬着头皮写。可有一次去"张谷英村"又着实尴尬了一回。"张谷英村"始建于明清，坐落在岳阳以东的渭洞笔架山下，有 500 多年历史。那天我回老家顺道去看看，可县里领导知道后立马赶过来请我午餐。席间，我见摆上笔砚，便知大事不妙，又要写字了。于是先想好了两句话："青山养老屋，耕读传后人。"饭毕，县长果然让题字，我也写了。可哪知人家招商印进了画册，我看到后当时真是无地自容，恨不得找个地缝钻进去。

类似的事情多，举不胜举。那些年我常在外调研，每次人家让写字都盛情难却，可每次写完都后悔，羞愧难当，觉得既对不起别人，也对不起自己，更对不起"教授"头衔。也正为此，我这才痛下决心练书法。知耻而后勇，就这样自己默默练了10年，今天我的字写得怎样不好说，不敢与别人比，但与自己从前比肯定好很多。书磊先生有一次说我的字有点郑板桥的味道，我没临过郑板桥，无心插柳，但他的评价还是令我喜出望外。

是真的，我练书法的动机就这么简单，确实只是为"面子"而不为其他，不指望成名，也不靠"字"养家。不过现在回头看，这样反而更好，练起来既不急于求成，亦不会轻易放弃。比如我最初临帖，因为不会用毛笔，临谁不像谁，临王羲之不像王羲之，临孙过庭不像孙过庭，临王铎也不像王铎。可即便那样，我当时心态仍然好，没气馁过。于今想，自己坚持这些年，书法有进境是一方面，但也有些意外的收获，值得在这里说一说。

先说修身。可能因为年轻时会考试，成绩好，我性格有些孤傲。大学读经济，第一年就在学报发表了论文，之后出版专著十数部，论文近百篇。小有名气，这样自我感觉好，不容易把别人放在眼里。可自从练了书法情形就不同了，屡受打击，有一年侄女从长沙来北京度寒假，看我练字就问，大伯你的字怎么这么难看呀？童言无忌，我差点晕过去。另有位朋友也练字，比我晚几年可现在书法却强过我。原来山外有山，从此我不再自负，不敢小瞧人。

再说养心。众所周知，书法与诗词不分家，要写一幅字，通常得先理解那首诗或词，要想得出意境，自己受了感动才会有激情下笔。这样日积月累，几年下来诗词修养必与日俱增。我自己是很好的例子。小时候背过千家诗，但那时候只是背，并不解其意。后来为了练书法重读古诗词，才知别有洞天，诗词背后有音乐，音乐背后有宗教，宗教背后有哲学。钻进去，则心旷神怡、其乐无穷。

再一项收获，则是强身健体。不是我第一个这么说，但有同感。平日我比较懒，不爱动，能躺着不坐着，能坐着不站着，总相信"生命在于静守"。可这些年练书法，发现写字也是不错的锻炼，别看待在书房不出门，但练字的活动量不小，哪怕是冬天，两个小时下来也大汗淋漓。所以朋友周末去爬山，而我就写字，到今天身体还算可以，这是否与练字有关？不肯定，应该是。至少我自己是这么看。

黄家台杂忆

　　黄家台是洞庭湖畔的一个村庄，也是我老家，历史上没出过啥大人物，不见经传，故平时也很少被人提起。可就是这个地方，多年来却一直让我魂牵梦绕，无论走到哪里也未曾忘记过。是的，生于斯长于斯，血脉相连怎能割舍得下呢？

　　说到黄家台，外人多半会以为是村里姓黄的人家多，或"黄家"是当地某个大户。其实不然。这里不仅姓黄的不多，而"黄家"也非大户。黄家台以前叫"扯家铺"，是湘北通往湘西南的一个渡口。当年，渡口边住着一位摆渡的老人，姓黄。这老人不简单，除了摆渡还开了个商铺，与别的商铺不同，老人不图赚钱，卖货只收成本，遇上客人没钱还可赊账。这样老人的商铺经常入不敷出，时开时歇，于是就有人戏称他的铺子为"扯家铺"（"扯"在当地有生死挣扎之意）。后来老人过世了，"扯家铺"不复存在，为纪念老人的功德，不知谁做主将"扯家铺"改为"黄家台"了。

　　关于黄家台更远的历史已无从考证，但有个传说却在当地代代相传。黄家台村后有个湖，叫珊珀湖。约600年前，珊珀湖并不是湖，而是一个住着300户人家的村庄。据传，村里有个开鱼档的大财主，家里有个童养媳，这姑娘勤劳本分，可财主却嫌她娘家穷常常拳脚相加。有一天，有位童颜鹤发的老者背着一条大翘鱼从财主家门前经过，财主见财起心，硬要将鱼低价买下，老者不从，财主便大打出手，邻居也跟出来助阵。不料天上顷刻电闪雷鸣，风雨大作，那位童养媳正在屋里纺纱，一只狗突然钻进来叼着纱锭就跑，童养媳于是去追。狗在前面跑，姑娘在后面追，不知追了多久只听身后"咕隆"一声巨响，整个村庄成了一片汪洋（地沉了）。

是古老相传的故事。据说那童颜鹤发的老者是神仙下凡，那狗就是他派去救童养媳的。不必说，此故事显然是经人加工过了，有虚构的成分。不过加工归加工，珊珀湖由地沉所致千真万确，县志有记载；而珊珀湖的得名也是取自那"三百户"的谐音。加工者所以编这样的故事，无非是警示世人善恶有报，要善待穷人。

前面说，黄家台没出过大人物。岂止是没出过大人物，30年前连个乡干部也没出过。印象中，我祖父那辈人就没人进过学堂，除了认得自己名字，多数人大字不识一筐。可奇怪得很，村里那辈老人却个个能说会道，还满口之乎者也。当年我是村里的第一个大学生，离开老家那天乡亲们都来送行，有位大爷叮嘱说："伢儿，在外只可结交信义子，亲近儒雅人呀。"当时我听了似懂非懂，多年后在一位同乡的名片上再次见到这句话才懂得真正的意思。

更令我不解的是，村里的老人没上过学，但不知他们何来神功，很多人对《三国演义》《水浒传》里的故事了如指掌。每到夏夜纳凉，我们小孩就会围坐一起听老人讲故事。于今回顾，我中学时能发表文学作品，应该与那时候受到的熏陶有关。可我至今想不明白，祖父那辈人目不识丁，自己看不了书怎会讲得出如此多的故事呢？莫非这些故事是来自上辈的口传？倘如此，那么往前追溯村里早年应该有过文化人呀？

的确，我老家早年是应该有文化人的。黄家台北去30公里，便是东晋那个"囊萤夜读"的车胤故里；而东去十多里的"书院洲"，北宋文学家范仲淹（6—12岁）在那里读过书。此说绝非我杜撰，范仲淹当年是随继父做官到的书院洲，这事我老家无人不晓。另外还有个证据，不过是间接的，范公一生从未到过岳阳，但他写《岳阳楼记》却如身临其境，何解？有史家说，就是因为他曾在书院洲生活过。是的，今天站在书院洲北望洞庭，确可感受到"衔远山、吞长江"的气势。

黄家台河湖交错，是个水乡。一方水土养一方人，故老家人通常有两大本领，一是能游水，二是会驾船。据说现在的年轻人都进城求学或打工去了，这本领是否失传我不知。记得当年我在老家时，男孩到了两三岁父亲就会带他去下湖，而到了十多岁还得学驾船。每年粽子节赛龙舟，便是村里青年后生大显身手的日子。游泳呢，老家人一律用"狗刨式"，游姿不美但特别管用，速度快，能搏风浪。进城后我曾几次与朋友游泳，皆被笑话。我暗想，你们游姿好看有个鬼用，花拳绣腿，不然去游珊珀湖试试！

今天的黄家台仍默默无闻，少有游客。其实，若论自然风光那里绝对上佳。你看，西边与孟姜女故乡嘉山隔河相望，南边石龟山近在咫尺，北边黄山头尽收眼帘，而东边则是连通珊珀湖与洞庭湖的大鲸港。小时候读古人"山映斜阳天接水"的词句，就总觉得写的是黄家台。这还不算，到了夏天，珊珀湖是烟波浩渺，渔帆点点，四围香稻，万亩荷花。三山夹一绿水，这湖光山色难道不是人间仙境么？

好了，不再写了。也许是春节的缘故，这些天我特别想念黄家台，想念黄家台的父老乡亲，想念黄家台的一沟一坎一草一木。此刻不由得想起了白居易的那首《忆江南》，无限感慨：

江南好，

风景旧曾谙。

日出江花红胜火，

春来江水绿如蓝。

能不忆江南？

黄家台，你会永远在我的回忆里。

东山行游记

　　上周赴漳州讲学，提前到一天，本来答应市党校巩校长第二天一起去南靖看土楼，可晚饭时东山县长黄水木却一个劲地动员我去东山，水木 12 年前曾在中央党校读研，听过我的课，算我的学生，今天当了县长自然要跟老师展示一下治理一方的本领，人之常情，亦盛情难却，于是我改变计划决定去东山。

　　东山是一岛县，处在福建的最南端，与广东汕头接壤。那天早饭后我们从漳州宾馆出发，驱车一个多小时抵县文博馆。先看了一个 3D 短片，之后水木又对着沙盘做了讲解。说实话，令我印象深的就两句话：一句是"一岛一城市，一岛一景区"，即东山要联动发展城市与旅游。再一句就是那个短片的结束语："一百年干一件事，打造国际旅游岛。"我特别赞赏这后一句，因为让我强烈感受到了东山人的执着。

　　出了文博馆，下一站要去游海滨景区，这些年我行南走北，大海看得多，总觉得大同小异，于是我问水木，去海边看什么？他说可看"关帝庙"和"黄道周纪念馆"。东山的关帝庙我当然知道，名扬海外，也是台湾诸关帝庙的祖庙。而我到过山西运城，运城是关公的家乡，我想运城的关帝庙不会逊于东山吧？于是二选一，我选了黄道周纪念馆。

黄道周何许人？今天的年轻人未必会知。当年我是听中学历史老师提起过，知道他是抗清英雄，后来练书法读书帖，方知他不仅是个英雄，也是了不起的书法家。你道徐霞客怎么评价？说他"字画为馆阁第一，文章为国朝第一，人品为海内第一，其学问直接周、孔，为古今第一"。甚至乾隆也称这位抗清英雄为"一代完人"。

到达黄道周纪念馆，已是上午 11 时，阳光明媚，海面辽阔，而纪念馆就正好建在海边上，据说还是明代崇文书院的原址，童年黄道周也在此读过书。该馆占地约 1000 平方米，仿古建筑，红墙绿瓦，拜台上立黄道周塑像。塑像后为中堂，匾额上有刘海粟题写的 "节义千秋"四个大字。中堂石柱上镌有黄典诚和陈寿祺所赠对联，放眼看，蔚为壮观。

这里要说的是，我在纪念馆受到的震撼，有两点：一是黄道周的刚正。前半生黄算是平步青云，可后来为了救抗倭辅臣钱龙锡连奏三疏，结果惹得崇祯大怒而将其官降三级。一般人也许就此作罢，可黄道周就是黄道周，他接着连上三十疏，直到最后官职革尽。而到了晚年，清军来犯，还是这个黄道周，他自请募兵北上抗清，被俘后咬指血写绝命书："纲常万古，节义千秋，天地知我，家人无忧。"想想，这是何等忠烈的一个人！

另一是他的博学。黄道周一生著述颇丰，涵盖经、史、论、易、礼、乐、诗、书等十多类，且无一不精。同为读书人，我不知他怎可以把学问做得如此登峰造极，难道世上真有天才不成？拿书法说，我在纪念馆看的是复制品（原作收藏在故宫博物院）。很显然，他楷书学的是钟繇，但比钟繇更飘逸，有王羲之的意蕴。而行草则运笔古朴，转折方健。可谓字如其人，一看就像黄道周。

此次游东山，还看了两处奇观值得说。一是一块裂开的巨石（钓鳌台）。巨石裂开我在贵州平塘见过，还内显"中国共产党"字样。而说这块石头奇，是它裂开的时间太巧。怎样巧法？旁边石碑有如下介绍（凭记忆只是大概）：1992年5月19日，下午3点21分（即猴年猴月猴日猴时），丽日当空，突然一声沉响，地动山摇，浓烟升腾，恍如劈山救母，石猴出世，钓鳌台訇然中裂，一分为二，蔚成一线天奇观。至于为何那么巧，各路专家众说纷纭，至今还是个谜。

就在这巨石的不远处（约30米）还有一石，名"风动石"，状若玉兔，而底部与石面贴合不足30厘米，一旦狂风吹来，它就像兔子晃头晃脑，摇摇欲坠而不坠，故因此得名"风动石"。听导游小姐说，当年抗战期间，日寇见此石奇特，曾将缆绳系于石上，用军舰开足马力想把它拖倒，可哪知钢丝绳断成几截而风动石却岿然不动。有人说这石头宣示着我中华民族的凛然大节，而我却想到的是黄道周。

行色匆匆，转眼就到了午后，用过午餐，水木又陪我去看了两家企业，由于要急着赶回漳州，结果许多名胜（如戚继光、郑成功的屯兵遗址、古炮台、东门圣水"罗汉泉"等）没看成，返程途中，我一直想着再找机会重游东山。是的，东山实在太美了，

38 公里的海湾，沙白林绿，天蓝海碧，而且那里还有那么厚重的历史人文。

朋友，你想去东山一游么？去吧！东山人好客，现代交通也方便，坐飞机到厦门，往南一个多小时车程便到。

西江苗寨行

漫漫古道千里长

悠悠苗乡古道旁

巍巍雷公山清水江的水呀

伊尔伊尔哟

歌声甜来米酒香

远方的客人尝一尝

迷人的风景古老的故事好地方

　　朋友，听过这首歌吗？这就是脍炙人口的《醉苗乡》，歌中唱的正是贵州西江千户苗寨。因为喜欢这首歌，不久前我曾专程到那里一游。虽然只是四小时的勾留，但那里的人、那里的景以及那里的歌舞与那里的酒，都给我留下了深刻的印象，说终生难忘绝非夸张。

　　那天我们乘车穿行于崇山之间，一路上，导游不停地给大家介绍苗寨。据传，苗族原本生活在黄河中下游，是蚩尤部族的后人。当年因为炎黄部族的征讨，蚩尤部族战败而南迁到长江流域。商周时期，由于战乱不断与百越入侵，他们又退至四川。再后来到了汉朝，诸葛亮南征，苗族被迫迁徙到了云贵一带。讲到风土习俗，导游说，苗族人非常好客，能歌善酒，会说话就会唱歌，会走路就会跳舞，能喝水就能喝酒…….

听着导游的讲解，我脑子里却一直想着另一个问题，西江苗寨地处深山，三十年前那里不通公路，更不可能通铁路，没有路他们怎样与山外交往呢？若无交往，那又是怎样的一种生存状态？照说，长期与世隔绝应该是充满孤寂与苦涩的，可恰恰相反，他们却是一个极其热情开朗的族群。那么，究竟是什么铸就了他们这种豁达的性格？

我是带着这个疑问走近苗寨的。上午十点，我们一行在离苗寨约一公里外下车，穿过一个小镇，一个巨大的山门立马映入眼帘，上书"西江千户苗寨"六个大字。山门后是一广场，广场上鼓乐齐鸣，近百名身着盛装的青年男女载歌载舞欢迎我们这些八方来客。好家伙，我当时真被那场面惊呆了，虽然工作在京城，可这阵势并不多见。

等醒过神，我迅速地打量了一下这个赛子。原来，这是一方河流谷地，清澈见底的白水河穿寨而过，河流两侧，是郁郁葱葱的群山；山坡上，一排排吊脚楼依山而建，随地势起伏鳞次栉比；往远处看，一片片曲线田层层叠叠，在太阳照射下五光十色。啊，这不是一幅优美的农耕风光图么？再看山顶，白云飞渡，炊烟袅袅，云雾中几幢木楼若隐若现。触景生情，我忽然想到了杜牧的"白云深处有人家"。

名不虚传，苗寨果然很美。进了寨子，正好赶上苗族歌舞表演。表演者看上去是当地农民，年轻的不到二十岁，老者至少在七十岁以上。虽然不是什么大腕儿名角，但那可是一次真正的文艺大餐。芦笙大鼓，精美服饰，激情歌舞，一个个让人目不暇接。多数歌（用苗语唱）我听不懂，可看舞姿表情我能明白，他们是在表达甜蜜的爱情、劳动的欢乐和丰收的喜悦。尤其是那旋律，就仿佛是从那山地里长出来的，是如此的质朴、如此的原生态。

这次在苗寨，我不仅观赏了歌舞，也领教了苗寨人的酒量。那天中午，我们随导游沿白水河来到一家农家餐厅用餐。大家围着一条长桌坐下，菜很丰盛，有腊肉、腊肠、酸汤鱼以及各类山野菜，正想饱餐一顿，不料一群苗族姑娘抱着酒坛过来献歌（其实是劝酒），她们一边唱一边给客人敬酒，我不胜酒力，见势不妙就想躲，可哪知没起身就被姑娘们围住了。她们唱着："阿表哥端酒喝，阿表妹端酒喝，管你爱不爱喝都要喝。"没辙，我只好仰头一口闷下去。

说到敬酒，苗寨的规矩还真多。第一，客人不能站起来，站起来罚三碗；第二，客人手不能碰碗，碰碗罚三碗；第三，对歌不能对错词，对错词罚三碗；第四，歌声不断酒不断，歌没停你喝酒不能停，不然还得罚三碗。这是说，在苗寨做客你只能坐以待"喝"。你想，规矩是人家定的，歌词也是姑娘们现编的，就算李白再世也怕难以对上。席间有位年轻的同事想开溜，结果人没溜掉，反而被罚了三大碗。

也许是酒精发挥了作用，只觉得头晕乎乎。神奇的是，我之前的疑问似乎一下子找到了答案。我想，苗族同胞所以热情炽烈怕是与遗传基因有关吧！他们的艺术细胞是天生的，音乐才情又长在骨子里，再加上苗寨住着一千户人家，自成一个小社会，尽管相对封闭，但有了歌自然不会孤寂。是的，他们在田间劳作会唱歌，青年男女约会会唱歌，家里来了客人也唱歌。一个能歌善酒的民族怎会不奔放呢？

从餐厅出来，陪同的县委书记邀我们去茶楼饮茶。我问书记：现在苗寨人均年收入多少？书记说，之前人均年收入两千元，这几年开放旅游，人均年收入涨到六千元。我再问，苗寨外出打工的多吗？书记答，很少，因为现在来苗寨的游客很多，农民开饭店收入不菲，再加上粮食蔬菜自己种，这里环境、空气、水又都比城里好，衣食无忧，他们觉得没必要背井离乡。

下午四点，是约定的返程时间了。想到要离开苗寨，心中不免有几分遗憾。听贵阳的朋友说，苗寨最美的是夜景，而这回夜景显然是看不到了。再有就是这次来苗寨没有学会一首当地的歌。不是不想学，而是苗语歌听不懂，实在学不来。我曾几次试图给书记建议出苗语歌的汉语版，但怕对方为难欲言又止。敢肯定，苗族歌若能用汉语唱，一定会风靡神州。

汽车发动了，我们挥手与苗寨告别，这时司机打开了音响，是苗族女歌手阿幼朵演唱的《苗家美》：

要说苗家有多美

不用写诗和作画

你看那阿妹打油茶阿哥打糍粑

只唱山歌不说话

……

再见了，美丽的西江千户苗寨！

家乡的月亮

也许是临近中秋的缘故，这些日子脑海里总浮现出家乡的月亮，许多陈年旧事也跟着一起往外涌，岁月如烟，万千感慨。我来写写家乡的月亮吧。

古往今来，我们炎黄子孙对月亮似乎天生多情，你看古人写的诗："人生如梦，一樽还酹江月"、"独上西楼，月如钩"、"云中谁寄锦书来，雁字回时，月满西楼"……要不是钟情月亮，这样的诗句怎可写得出来？

人们钟情月亮，各有各的原因。"嫦娥奔月"是故老相传的故事，据说因为嫦娥我们才有了中秋节，不过我亲近月亮并非因为嫦娥。记得有一年母亲带我和二弟赏月，指着月亮问："看见嫦娥没？"二弟说："嗯，看见了。"而我却怎么也不觉得月亮里的那个影子是嫦娥。

说起来，我对月亮的深刻记忆，其实是基于一种感激。小时候我就读的中学在镇上，周末回家要过珊泊湖。珊泊湖浩大无边，每次夜里坐船我总担心迷失方向，可驾船的大爷就看着天上的月亮，月亮走，我也走，一走走到家门口。于今想，那些夜晚若是没有月亮我怕是难以回家的。

是的，我对月亮的感觉就这么纯朴。当初读杜甫的诗"月是故乡明"，那时未出过远门，也没见过别处的月亮，还真以为别处的月亮没有家乡的亮。十一岁那年学校组织赴韶山参观，我看见韶山的月亮也很亮便大惑不解。问老师，老师说那是诗人托月寄怀，表达对故乡的思念。

另有一件事更有趣。20世纪70年代台湾有一首歌叫《月亮代表我的心》，是写爱情的，在大陆很流行。20年前在一个晚会上听一位朋友给恋人唱，情真意切，令人感动。可当时我心底就犯嘀咕，月有阴晴圆缺，代表的爱情靠得住么？结果你猜怎么着，不久他们就分手了。

是真实的故事，当然也是巧合，不过今天我还是这么看，月亮就是月亮，它并不特定代表什么，喜怒哀乐都是人类给加上去的。我们自己悲时，看到的月亮就悲；自己喜时，看到的月亮就喜。不是吗？比如欧阳修写"月上柳梢头，人约黄昏后"的那个月亮显然是喜，而李煜写"故国不堪回首月明中"的那个月亮就悲。

让人奇怪的是，月亮没有情感，可我却相信冥冥之中月亮与故乡间存在某种关联，具体是何关联说不清，而且这关联要在离家很久之后才能体悟到。我七岁就背李白的《静夜思》，那时也曾无数次望过明月，可低头从不思故乡。你想，我天天在家待着，未曾离开怎会想家乡呢？

回想起来，有明显想家感觉还是近几年的事。年轻时拼命考学，一心想着离开，而离开后的最初一些年也不怎么想家。只是人过中年后才如梦初醒，忽然间发现家乡在自己心里的分量原来是那么重。无论走到哪儿，每当看到月亮都会想起家乡，而想到家乡就会想起家乡的月亮。

北京这几天下雨，今年中秋夜的月亮怕是见不到了，想到此心中似有几分惆怅。不过不要紧，我想家乡的月亮到时会照样出来，就让我把这篇文字献给家乡的月亮吧！

附录三：文章写作时间一览表

政府与市场

政府改革的逻辑（2014 年 5 月 26 日）

顶层设计与地方试验（2014 年 6 月 9 日）

资源配置谁做主（2013 年 12 月 31 日）

繁荣来自竞争（2014 年 7 月 14 日）

"指导价"纯属多余（2013 年 4 月 8 日）

投资与消费

拉动经济并无三驾马车（2014 年 6 月 30 日）

扩消费应多管齐下（2014 年 7 月 29 日）

扩投资的三种选择（2014 年 9 月 9 日）

反浪费需釜底抽薪（2014 年 7 月 21 日）

警惕地方债闯祸（2013 年 10 月 8 日）

转方式与稳增长

中国经济会否硬着陆（2012 年 2 月 4 日）

谁是调结构的主体（2012 年 5 月 19 日）

中等收入何来陷阱（2014 年 6 月 16 日）

谁在妨碍扩消费（2013 年 3 月 3 日）

"经济下限"怎样守（2013 年 8 月 14 日）

货币与价格

谁是通胀的推手（2011 年 12 月 10 日）

为何要谴责中间商（2011 年 2 月 23 日）

汽车限购能走多远（2011 年 3 月 31 日）

从教者说

附录一

附录二

（京）新登字 083 号

图书在版编目（CIP）数据

经济观察笔记／王东京著 . —北京：中国青年出版社，2014.12
（王东京经典文丛）
ISBN 978-7-5153-3073-0

Ⅰ . ①经… Ⅱ . ①王… Ⅲ . ①世界经济－文集 Ⅳ . ① F11-53
中国版本图书馆 CIP 数据核字（2014）第 300519 号

责任编辑：方小玉
装帧设计：瞿中华

出版发行：中国青年出版社
社址：北京东四 12 条 21 号
邮政编码：100708
网址：www.cyp.com.cn
编辑部电话：（010）57350503
门市部电话：（010）57350370
印刷：三河市京兰印务有限公司
经销：新华书店

开本：700×1000　1/16
印张：17.5　　插页：1
字数：170 千字
印数：1-5000 册
版次：2015 年 2 月北京第 1 版
印次：2015 年 2 月河北第 1 次印刷
定价：45.00 元

本图书如有印装质量问题，请凭购书发票与质检部联系调换
联系电话：（010）57350337